JN097920

文部科学省後援事業

日本語検定

公式 過去問題集

日本語検定委員会 編

東京書籍

目次

■本書について

■本書は、２０２３年度第１回検定問題（２０２３年６月10日実施）と、２０２３年度第２回検定問題（２０２３年11月11日実施）とを収録しています。

■本書に収録された検定問題およびその解答・解説は日本語検定委員会が作成しました。

■本書の問題の出題範囲が、必ずしも２０２４（令和６）年度検定に出題される問題のすべての範囲を示すものではありません。

■本書の解答と解説に、各問題が主にどの領域の問題であるのかを示しました。領域については、本書４・５ページをご参照ください。

日本語検定のご案内

❶日本語検定の特徴

1 日本語の運用能力を測ります。

漢字や語彙(ごい)など特定の領域に限定せず、日本語の総合的な運用能力を測ります。そのため、6つの領域から幅広く出題します。

1 敬語　2 文法(言葉のきまり)　3 語彙(いろいろな言葉)　4 言葉の意味　5 表記　6 漢字

2 生活場面を想定した問題で、実感をもって取り組むことができます。

小学生から社会人までを対象とする日本語検定では、各級受検者の世代や社会的な役割を想定し、出題内容をそれぞれの生活場面に合わせています。

3 得意な領域・不得意な領域がわかり、自分の日本語を見直すきっかけになります。

受検者一人ひとりに作成される個人カルテ（成績表）には、小問ごとの正誤のほか、領域別得点率なども記されます。これによって、自分の得意な領域やのばす必要のある領域がわかり、自分自身の日本語力を見直すことができます。

❷検定問題

6領域＋総合問題で日本語力を幅広く判定

総合問題

6領域の力を総合的に発揮しながら、文章や図表などを論理的に読み解き、その内容や言おうとすることを的確に捉えることができる。

敬語 場面や相手に応じて、尊敬語や謙譲語を適切に使い分けることができる。

文法 規範的な文法にしたがって語と語を連接させることができる。

語彙(ごい) さまざまな言葉を正しく理解し、適切に使うことができる。

言葉の意味 慣用句なども含め、意味と用法を的確に把握することができる。

表記 漢字、仮名遣い、送り仮名について、文脈に合った適切な使い方をすることができる。

漢字 漢字や熟語の読み方と意味を理解し、適切に使い分けることができる。

❸受検級について

受検級	認定級*	各級のレベル	受検の目安						
			社会人	大学生	高校生	中学生	小学校高学年	小学校中学年	小学校低学年
1級	1級／準1級	社会人上級レベル							
2級	2級／準2級	大学卒業〜社会人中級レベル							
3級	3級／準3級	高校卒業〜社会人基礎レベル							
4級	4級／準4級	中学校卒業レベル							
5級	5級／準5級	小学校卒業レベル							
6級	6級／準6級	小学校4年生レベル							
7級	7級／準7級	小学校2年生レベル							

＊得点率に応じて、２種類の認定があります。

❹受検時間について（一般会場）

級	受検時間	検定開始	級	受検時間	検定開始
1級	60分	13：30	2級	60分	11：00
3級	60分	13：30	4級	50分	11：00
5級	50分	13：30	6級	50分	11：00
7級	50分	13：30			

＊検定開始時刻が異なる級に限り、併願受検も可能です。

❺認定の基準について

日本語の総合的な能力を測る

6つの領域でバランスよく得点することが必要です。

領域別得点率が50%に満たない領域がある場合には、認定されません（7級を除く）。

総合得点率と領域別得点率の両方の基準を満たすことで認定されます。

認定級	総合得点率	領域別得点率
1級	80%程度以上	50%以上
準1級	70%程度以上	50%以上
2級	75%程度以上	50%以上
準2級	65%程度以上	50%以上
3級	70%程度以上	50%以上
準3級	60%程度以上	50%以上
4級	70%程度以上	50%以上
準4級	60%程度以上	50%以上
5級	70%程度以上	50%以上
準5級	60%程度以上	50%以上
6級	70%程度以上	50%以上
準6級	60%程度以上	50%以上
7級	70%程度以上	領域なし
準7級	60%程度以上	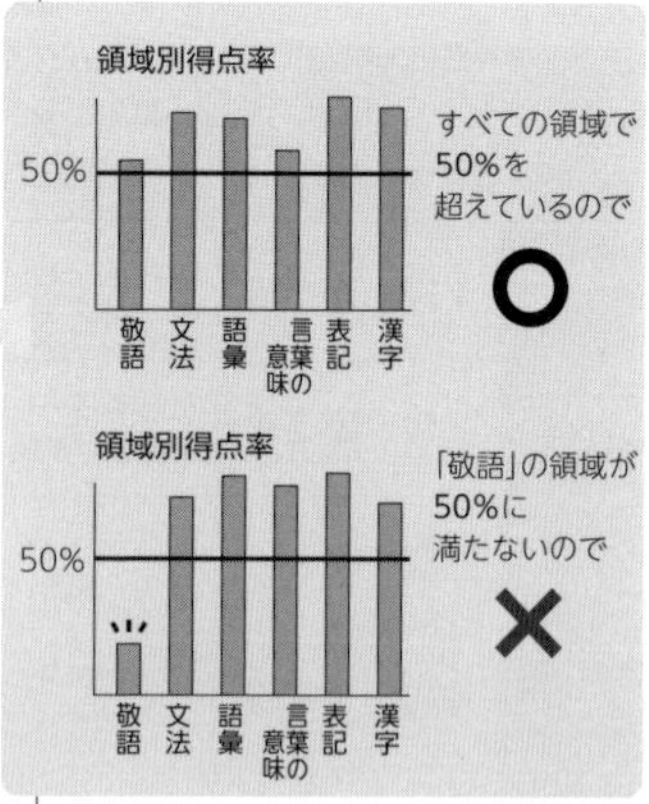 領域なし

❻個人受検の流れ

＊団体受検につきましては、日本語検定委員会事務局までお問い合わせください。

1. お申し込み・受検料の支払い

＊お支払い後の取り消し・返金・級の変更・次回検定への繰り越しはできませんのでご注意ください。

①インターネットからのお申し込み

日本語検定ホームページから、お申し込みと受検料のお支払いができます。

＊お支払いは、クレジットカード・ペイジー・コンビニ決済・キャリア決済・コード決済から選択できます。

＊お申し込みページはこちら

②店頭でのお申し込み

取扱書店・商工会議所・代理店に申し込み、受検料をお支払いください。

「書店払込証書」または領収書（「払込受領証」等）を受け取り、出願書類を送付（下記2）してください。

③郵送でのお申し込み

郵便局または銀行の下記口座に受検料を振り込み、「払込受領証」を受け取り、出願書類を送付（下記2）してください。

［郵便振替］

口座番号　00190-3-578318

特定非営利活動法人　日本語検定委員会

［銀行振込］

三菱UFJ銀行　王子支店

普通口座　0023774

カナ　トクヒ）ニホンゴケンテイイインカイ

名義　特定非営利活動法人　日本語検定委員会

2. 出願書類の送付

＊ホームページからの申し込みの場合を除きます。

願書に必要事項を記入し、「書店払込証書」または領収書（「払込受領証」等）を、返信用63円切手とともに専用封筒に入れ、委員会事務局へ郵送してください。

【願書提出先】

特定非営利活動法人　日本語検定委員会　委員会事務局

〒114-8524　東京都北区堀船2-17-1

＊受検料をお支払いになっていても、上記書類が未着の場合はお申し込みが無効となりますのでご注意ください。

3. 受検票の受け取り

検定日の約1週間前

4. 受検

検定日

5. ホームページ上での解答速報閲覧

検定日の数日後

6. ホームページ上での合否速報閲覧

検定日の約25日後

7. 個人カルテ・認定証の受け取り

検定日の約35日後

❼ 2024（令和 6）年度　日本語検定　実施予定

第 1 回 （通算第 35 回）

6 月 15 日（土）：一般会場

6 月 14 日（金）・15 日（土）：準会場

●**申込期間**：3 月 1 日（金） ～ 5 月 17 日（金）＊5 月 18 日（土）消印有効

第 2 回 （通算第 36 回）

11 月 9 日（土）：一般会場

11 月 8 日（金）・9 日（土）：準会場

●**申込期間**：8 月 1 日（木） ～ 10 月 11 日（金）＊10 月 12 日（土）消印有効

●お問い合わせ・手続き取扱窓口

特定非営利活動法人
日本語検定委員会　委員会事務局
〒114-8524 東京都北区堀船2-17-1
0120-55-2858
午前 9:30～午後 4:30（土・日・祝日を除く）https://www.nihongokentei.jp

検定問題

令和5（2023）年度 第1回

日本語検定

1級

受検上の注意

1. 問題用紙は、検定監督者の指示があってから開いてください。
2. 乱丁や著しい汚れがある場合は取り替えますので、直ちに検定監督者に申し出てください。
3. 答案用紙に、受検番号と氏名が書いてある受検者番号シールを貼り付けてください。
   （線で囲んである「受検者番号シール貼り付け欄」に貼り付けてください。）
4. 問題内容についての質問には答えられません。
5. 途中退場する場合は挙手をして、検定監督者に申し出てください。

●検定実施：2023 年 6 月 10 日

●受検時間：60 分

特定非営利活動法人
日本語検定委員会

問1

【　　】のような場面で、それぞれの（　　）部分はどのような言い方をすればよいでしょうか。最も適切なものを選んで、番号で答えてください。

一　【顧客からの電話を受けて】

担当の山田はあいにく出かけております。大橋様からお電話を頂戴するかもしれないことは、山田から（　　）。

1　承っています
2　うかがっております
3　聞いております
4　お聞きしています

二　【病院の会計窓口で、職員が診療の終わった人に処方箋を渡して】

本日はお薬が二種類出ていますので、（　　）。

1　調剤薬局におうかがいください
2　調剤薬局に立ち寄ってください
3　調剤薬局でご査収ください
4　調剤薬局でお受け取りください

第1回　問題

三　【取引先に送った書類が届いたかどうかを確認する電話で】

○○建設の石田でございます。先日、お送りいたしました（　　　　　　）。

1　見積書は無事にお手元に届いていらっしゃいますでしょうか
2　お見積書でございますが、ご確認していただけましたでしょうか
3　お見積書ですが、ご覧になりましたか
4　見積書の件で、ご連絡いたしました

四　【土産物売り場で店員が客に】

こちらのお菓子は（　　　　　　）。

1　賞味期限が三週間になりますが、よろしいでしょうか
2　賞味期限が三週間でございますので、ご了承ください
3　日持ちしますが、三週間以内にお召し上がりください
4　三週間お日持ちいたしますが、お早めに召し上がりください

問2

【　　】のような場面で、それぞれの——部分はどのような言い方をすればよいでしょうか。＊に示した条件に合うよう、□に入る平仮名を解答欄に記してください。

一　【新聞記者が旧知の学者に宛てたメールの中で】

ぶ□□□なお願いですが、どうぞお許しください。

＊「礼を欠いているような」ということを言う

二　【上役から教えられて紹介した旅館に取引先の人が泊まったことを、その上役に報告して】

いい旅館だったと、あ□□□□も大変お喜びの様子でした。

＊上位の相手に対する丁寧な他称で

第1回　問題

三

【杯を重ねる叔父に姪が】

もう飲み過ぎですよ。そのへんでおつ□□になさってはいかがですか。

＊「おしまい」ということを別の言い方で

問3

次の会話は、タクシーの乗客と乗務員とのやりとりです。**ア**～**オ**の――部分について、最も適切な言い方を選んで、番号で答えてください。

【乗　客】運転手さん、その先の信号を越えたところで左に曲がって、二、三十メートル先にある時計屋の前まで**ア**行ってちょうだい。

【乗務員】承知しました。**イ**時計屋の前まで行けばいいんですね。

【乗　客】ええ、そうです。店に預けてある物を受け取って、すぐに戻ります。道幅があるから、車を三、四分**ウ**止めていても、ほかの車の邪魔にはならないと思います。

【乗務員】わかりました。お客様が**エ**戻るまで待っています。

【乗　客】**オ**面倒をかけるが、よろしくお願いします。

ア……1 いらっしゃってくれますか
2 行ってやってくれませんか
3 いらっしゃってもらえますか
4 行ってくださいませんか

イ……1 時計屋の前までうかがったらいいんですね
2 時計屋の前までいらっしゃればいいんですね
3 時計屋様の前まで行けばよろしいんですね
4 時計屋の前まで参ればよろしいんですね

ウ……1 止めていらっしゃっても
2 お止めされていても
3 お止めになられていても
4 止めてくださっていても

エ……1 お戻りするまでお待ちいたしております
2 お戻りまでお待ちになります
3 お戻りまで待たせていただきます
4 戻られるまでお待ちしております

オ……1 ご面倒をかけられますが
2 面倒をかけなさいますが
3 面倒をおかけしますが
4 ご面倒になりますが

問4

【　　】のようなとき、それぞれの（　　）部分はどのような言い方をすればよいでしょうか。最も適切なものを選んで、番号で答えてください。

一【知人への手紙で自分の作った和歌のことにふれて】

その節は、（　　）に丁寧なコメントをくださり、ありがとうございました。

［1 当吟　2 弊吟　3 拙吟　4 小吟］

二【祝いの会に出席してもらえるかどうかを相手に尋ねる手紙で】

御用（　　）のところ恐れ入りますが、○月○日までにご返事を賜りたく存じます。

［1 煩瑣　2 繁多　3 忙中　4 多端］

三【自宅での酒宴に招いてくれた上役へのお礼の手紙で】

ごちそうにあずかった天の（　　）に陶然となり、失礼なことを申し上げたのではないかと恐縮しております。

［1 美禄　2 美味　3 美食　4 美果］

四【自分の今後の進路について、同年輩の友人に手紙で相談して】

経験豊富な（　　）の御意見を承りたく、よろしくお願いいたします。

［1 大兄　2 師兄　3 令兄　4 長兄］

問5

「やつ（奴）」という言葉を意味・用法別にA～Fに分けました。同じ意味・用法で使われているものを、**ア**～**カ**から一つずつ選んでください。なお、必ずしも適切とは言えない用法も含まれています。

Aの類　このクラスにはずいぶん乱暴なやつがいると聞いている。

Bの類　彼は人の話を素直に聞くかわいいやつだよ。

Cの類　これより大きいやつはありませんか。（＊雑貨店の店員に客がどんぶりを指さして）

Dの類　これはやつの仕業に違いない。（＊犯行現場を見た探偵が）

Eの類　途中で足がつりそうになり、これはまずいやつだと思いました。（＊マラソンを走り終えた選手がインタビューに答えて）

Fの類　どうにも愚かな生き物だね、人間というやつは。

ア　やつに相談してみようか。（＊二人の共通の知人を思い浮かべながら一人が）

イ　地震というやつは、人間の手に負えるような代物じゃない。

ウ　わがままなやつだなあと言いながらも、彼は妹のことがかわいくてしかたがない様子だった。

エ　家の前を変なやつがうろうろしている。

オ　これ、絶対おいしいやつだ。（＊友人に、レストランのメニューにある飲食物の写真を指して）

カ　彼と同じやつをくれ。（＊行きつけのバーで先に来ていた友人と同じ物を注文して）

問6

一～四のようなことを言うとき、（　　　）の中はどのようになるのが適切でしょうか。最も適切なものを選んで、番号で答えてください。

一　大量の硬貨を入金する際に手数料がかかる金融機関が増えたため、神社や仏閣が賽銭の扱いに苦慮しているという。釣り銭用の硬貨を必要とする店舗と協力して紙幣と硬貨を交換する神社もあるが、時期による金額のばらつきもあり、安定したシステムを構築するまでには至っていない。中には賽銭にキャッシュレス決済を導入する神社まで登場しているが、違和感を覚える人が少なくなく、広がりは限定的である。やはり賽銭は、（　　　）。今後、賽銭文化はどのように継承されていくのだろうか。

1　硬貨を奉納するという行為に意味がある
2　少額を寄付できる手段が必要不可欠なものである
3　金額の多寡にかかわらず敬虔な信仰心が求められる
4　初詣の時期に集中するという特性がある

二　地球が太陽光を浴びると、地球から見て太陽と反対の方向には影ができる。月が地球を周回するときに、月が地球の影に入ることがあり、（　　　）。太陽と地球と月とが、この順で一直線に並んだときに、月のほぼすべての部分が地球の影に入ることがあり、これを特に皆既月食という。皆既月食が発生しているときに、仮に月面から太陽を見たとすると、太陽のほぼすべてが地球の影に隠れる皆既日食が見られることになる。

1　月食と日食はこの地球の影によって発生する現象である
2　それで月食により、月が欠けて見える
3　月面からは地球に遮られて太陽が見えなくなってしまう
4　このときに月が欠けて見える現象が月食である

第1回　問題

三

最近の政権が打ち出す政策をみると、その主要なターゲットとなる世代が変化している。止まらない物価高への対応では、働く人間の賃上げ推進や子育て世代への手当増額はあっても、減っている年金で暮らす高齢者への有効な対策は講じられていない。新型コロナ感染症対策の緩和方針も同様で、経済活動を優先し、高齢者が多く亡くなっていることには目をつぶっている。どうも、（　　　　　　　　）。置き去りにされていると感じる高齢者は、私だけだろうか。

1　働かない高齢者には、これ以上余計な金は使いたくないようだ
2　老い先短い高齢者より、未来のある世代を重視する方向のようだ
3　経済活動を重視して、高齢者には退場してもらいたいようだ
4　弱者救済や社会福祉の思想など、どこかに忘れ去られたようだ

四

近年、人類史研究は驚異的な進歩を遂げているそうだ。その起爆剤となっているのが、DNA解析技術の飛躍的な向上がもたらした、「古代DNA革命」だ。二〇一〇年ごろから、古代の骨などから抽出した全ゲノムデータ解析による新発見が続いている。それが、（　　　　　　　　）。旧人類と交雑をくり返してきたホモ・サピエンスの進化の道筋や、私たちの遺伝子の中に残るネアンデルタール人由来のDNAの存在など、「人類」の捉え方が根底からくつがえるような事実が、明らかになりつつあるのだ。

1　次々と、これまでの考古学や人類学の定説を裏付ける根拠になっている
2　DNA解析技術を飛躍的に向上させる原動力となっている
3　考古学や人類学の定説を打ち砕き、新たな人類の歴史を浮かび上がらせている
4　ホモ・サピエンスやネアンデルタール人のDNAについての、新たな知見につながっている

問7 聞き慣れた言葉でもうっかり間違って使うことがあります。**一**〜**五**の文では、――部分に間違いがありますが、一字だけ直せば正しい言い方となります。その一字を訂正してください。間違っている一字は平仮名・漢字のどちらの場合もありますが、平仮名の場合は平仮名で、漢字の間違いは漢字で訂正してください。

一 現代の若者と言って、一把ひとからげに扱うのはやめてもらいたい。

二 わが国の将来は、あなた方若者が双肩を担っているのだ。

三 一良日中には改善案をお示ししますので、お待ちください。

四 今度の彼女の作品は素晴らしいできばえで、火の打ち所がないと思う。

五 姉のところに金の無心で行ったが、取り付く暇がなかった。

問8

一〜六の文の意味が通るように、（　　）に入る最も適切な言葉を、後の**1**〜**8**から選んで答えてください。なお、同じ番号は一回しか使えないものとします。

一　どこに不具合の原因があるのか、この機械を（　　）点検してください。

二　この度の成功は、（　　）ご協力くださった皆様のおかげです。

三　この森で（　　）キノコを採ることはやめてください。

四　実は彼は、この世界では（　　）名の知られた実力者だった。

五　この地域も二年前に新駅ができてから、（　　）人口が増えてきた。

六　どのような責めでも受けるつもりですので、（　　）ご容赦願いたい。

1 おもむろに　**2** しきりに　**3** つとに　**4** つぶさに
5 とみに　**6** ひとえに　**7** ひらに　**8** みだりに

問9

一～四のようなことを言うとき、（　　）に入る言葉として最も適切なものを選んで、番号で答えてください。

一　娘の晴れ姿を前に、万感交交（　　）言葉が出なかった。

［ 1 至って　2 浮かんで　3 溢れて　4 満ちて ］

二　自分の企画を皆の前で課長に絶賛されて、彼女は顔にぱっと紅葉を（　　）。

［ 1 降らした　2 狩らした　3 散らした　4 晴らした ］

三　恩師の喜寿の会で、大学時代の友人たちと久闊を（　　）ことができた。

［ 1 物する　2 叙する　3 復する　4 修する ］

四　あの男は詭計を（　　）ことには長けているから、用心しないといけない。

［ 1 巡らす　2 労する　3 走らす　4 呈する ］

問10

一～四の【　　】の言葉を最も適切に使っているのはどの文でしょうか。それぞれ番号で答えてください。

一【揶揄】

1 師から自重するように揶揄されても、彼の決意は揺るぐことはなかった。
2 行動を起こさない私を腰抜けなどと揶揄する者もいたが、いっこうに気にならなかった。
3 眼前に広がる自然が創りあげた美しい世界を、すぐに揶揄する言葉が見当たらない。

二【使嗾】

1 君が丁寧に使嗾してやれば、彼女は一週間で仕事を覚えるさ。
2 あの男が会員を使嗾して、悪徳商法を広めていったことは疑いない。
3 私は常日頃から、社員を適材適所で使嗾するように心がけています。

三【差し詰め】

1 雑誌の編集長とは、差し詰めオーケストラの指揮者のようなものだ。
2 五日間ホテルで差し詰めになっていたが、ようやく家に帰れる。
3 今の話は被災経験があるあなたには、差し詰め辛い話だったでしょう。

四【金釘流】

1 この箱は金釘流の作りで、落としても簡単に壊れることはない。
2 相変わらずおまえの字は、子どものころと変わらない金釘流だな。
3 兄は軽薄なように見られることもあるが、実は一本筋が通った金釘流の男だ。

問11 一〜四の□に入る適切な漢字を**1・2・3**から、また、全体の意味として適切なものを**ア・イ**から選んで答えてください。

一【□群の一鶴】

［**1** 鴨　**2** 鶏　**3** 鷺］

ア 多くの凡人の中に一人の優れた人物がいることの喩え。

イ いくら優秀でも、周りのものを見下すような言動は避けよという戒め。

二【宋襄の□】

［**1** 礼　**2** 憐　**3** 仁］

ア 敵に無用のあわれみ、不必要な情けをかけること。

イ たとえ敵であっても、寛容な心で接すべきだということ。

三 【瓜田に□を納れず】

［1 冠　2 履　3 鍬］

ア 自分がよく知らないことにはかかわらないようにすべきだということ。

イ 疑われる恐れのある行為はしないほうがよいということ。

四 【亡□の嘆】

［1 羊　2 葉　3 養］

ア 子どもや兄弟に先立たれたことを嘆くこと。

イ 学問の道が多岐にわたるために真理が得られないのを嘆くこと。

問12

次の文は、新聞を購読している人に、新聞を読む理由を尋ねた際の答えをメモしたものです。見直してみると、漢字表記の点でかなりの誤りがありました。**ア～ツ**の ―― 部分の表記が適切である場合には ○ を、適切でない場合には × を解答欄に記入してください。なお、ここでは漢字表記の誤りのみを対象として、送り仮名については対象としません。また、記述内容の真偽や是非についても問題としません。

ア テレビニュースはどんどん進んでしまうけれど、新聞は熟読頑味できるから。

イ いろいろなことの転末をじっくり捉えるには文字情報の方が自分には合っている。

ウ 事情を知執している人の解説文を読むのはおもしろいから。

エ ほしい情報だけではなく、それに隣設している情報も目に入るから。

オ あちこちの面を拾い読みしながら情報を繋げるのが好きだから。

カ 野球が好きで、特に夏の高校野球は地方予選の結果まで逞一チェックしている。

キ 赤鉛筆片手に、知らないことばに線を引きながら知識を蓄えて、頭の体操もしている。

ク 堅い記事から軟らかい記事まで、いろいろなことを読むことができるから。

ケ 事実をきちんと捉えることが大切だと思っていて、仄文したことを確かめたい。

コ　金融情報に興味があり、忙しいが、株価指標や為替レートのチェックは欠かさない。

サ　世の中の有為天変を新聞で確かめるのは、もう、長年の毎朝の習慣になっている。

シ　三日間分ぐらいを溜めておいて、ひとつの事件の進捗を追うのが好き。

ス　隅から隅までとはいかないけれど、記事を読んで、篤と考えることができるから。

セ　社説欄は、それぞれの新聞社の洞察力が感じられて、二社を読み比べるのがおもしろい。

ソ　家庭欄にある料理レシピ、ちょっとしたものではあるが、晩ご飯の献立に役立っている。

タ　新聞を読んでおくことは、就職活動の糧になると言われて読み始めた。

チ　細かい字を読むのは煩わしい時もあるが、社会のことを知っておくことは大事だから。

ツ　記事も読むけれど、下にある図書の宣伝文句を読んで、次に買う本を決めている。

問13

漢字で表記される語を、その出自に着目してA～Dの四類に分けました。例にならって、**1**～**16**の語をA・B・C・Dのいずれかに分類してください。

Aの類　瓶

Bの類　合羽

Cの類　娑婆

Dの類　峠

1 旦那　**2** 行灯　**3** 凧　**4** 基督

5 羅紗　**6** 畑　**7** 夜叉　**8** 刹那

9 缶　**10** 饅頭　**11** 榊　**12** 襦袢

13 風鈴　**14** 伽藍　**15** 笹　**16** 歌留多

問14 【　　】の漢字を使った1～4の言葉の中に、その漢字が、ほかの三つとは異なった意味で使われているものが一つあります。その言葉を番号で答えてください。

一【趣】
［1 趣味　2 情趣　3 趣意　4 野趣］

二【芳】
［1 芳香　2 芳書　3 芳紀　4 芳醇］

三【子】
［1 才子　2 調子　3 菓子　4 帽子］

四【禁】
［1 厳禁　2 禁裏　3 発禁　4 禁断］

問15

一〜四について、【　　】に掲げた漢字が使われている――部分の読み方を、**平仮名**で解答欄に記してください。

一【解】

ア　ここまで縺れてしまった糸を解すのは容易なことではない。

イ　この事件をきっかけに連立政権は瓦解していった。

二【軋】

ア　古い家なので大人が廊下を歩くと板が軋む。

イ　後任委員長の人選をめぐり役員の間に軋轢が生じた。

三【衣】

ア　彼女は誰に対しても歯に衣着せぬ物言いをする。

イ　鏡の前で衣紋を繕ってから式場に臨んだ。

四【懇】

ア　あの男は社長の娘と懇ろになっているらしい。

イ　彼とは昵懇の間柄だから相談してみるといいよ。

問16

一～四それぞれの□に入る適切な漢字一字を、**楷書**で書いてください。また、その言葉を適切に用いているほうの文を選んで、番号で答えてください。

一【沈魚□雁】

1 拝謁がかなった王女はまさに沈魚□雁、しばし我を忘れて見入ってしまった。

2 子を失った彼女の沈魚□雁ぶりは痛々しく、言葉をかけることもためらわれた。

二【美辞□句】

1 あなたからの便りにあった美辞□句が、私を絶望の淵から救ってくれました。

2 いくらあなたが美辞□句を連ねても、わたしの心には響きません。

三【金城□池】

1 この地方は保守派の金城□池で、市長選でも現職候補の四選が確実視されている。

2 金城□池の生活に溺れ、父親が残したかなりの遺産を一年で使い果たしてしまった。

四【拳拳□膺】

1 高校時代に若さに任せて友人たちと拳拳□膺したことも、今となってはいい思い出だ。

2 高校時代に出会うことができた師の教えを、私は今も拳拳□膺している。

問17 一〜四それぞれの文章で述べられていることと合致する文として、最も適切なものは**1**〜**4**のどれでしょうか。番号で答えてください。

一

近年の日本のノーベル賞受賞者からは、日本における基礎研究の停滞を嘆く声が多く聞かれる。こうした背景には、すぐに成果を求めたがる社会の要請による、「科学」重視から「科学技術」重視への転換があるのだろう。たしかに現実を考えずに星や生物ばかり見ていては生活できないが、現実の有効性を求めず、科学への欲望に身を捧げてしまうことは許されていい。現在、相対性原理がGPS機能に応用されているように、基礎研究がなければ科学技術の飛躍的な発展はないはずだ。人類は大航海時代以降、アメリカ大陸やアフリカにフロンティア（辺境）を見出してきたが、スマホが使われる時代になり、今やフロンティアとして残されているのは宇宙空間だけになった。こうした中で、人間の外部ではなく、人間の内部にフロンティアを求める動きがあるようだ。新しい投資は基礎研究にこそ向けられるべきなのではないだろうか。

1 現実の有効性を求めず、科学への欲望に身を捧げていく基礎研究こそが、宇宙空間のように、人間に新しいフロンティアを提供することになる。
2 日本では基礎研究が停滞しているが、人間の内部にフロンティアを求めようとする考えも出ており、基礎研究にこそ投資は向けられるべきだ。
3 人間にとってフロンティアとして残されているのは宇宙空間だけであり、こうした方向に向けて科学技術のあり方を変えていかなければならない。
4 人間の内部に新しいフロンティアを見出していくためには、現実の有効性を求める「科学技術」から「科学」へと、再び方向を転換する必要がある。

二

「物価の優等生」だった卵の価格が値上がりしている。その原因の一つは、鳥インフルエンザの感染拡大を防ぐために、ニワトリが大量殺処分されていることだ。種を超えてヒトへの伝染までも懸念されるから、人々は処分を仕方のないことと受けとめている。もちろん、ニワトリに人権などないのだが、大量殺処分は一種の動物虐待でもあり、副次的な影響を人間社会に及ぼす危険性がないとは言えない。一方、現在では鶏舎は随時消毒され、ニワトリに抗体検査やPCR検査を受けさせ、独自に開発したワクチンの接種までさせているという。ニワトリも人間並みの扱いを受けるようになったわけだ。逆に感染者が隔離され、食糧だけ配給されている姿は、ケージに入れられたニワトリの姿を髣髴とさせる。ウイルスはヒトと家畜の違いを曖昧にさせてしまうようだ。

第1回　問題

三

1　感染症の予防を徹底されたニワトリは人間並みに扱われ、隔離された人間はニワトリ並みになるという現象が見られる。
2　鳥インフルエンザの感染予防よりも人間社会への影響を考えて、ニワトリの大量殺処分は禁止すべきだ。
3　ニワトリに種々の検査やワクチン接種をさせることによって、動物虐待につながるニワトリの大量殺処分を防ぐべきだ。
4　鳥インフルエンザウイルスはニワトリや人間に伝染して被害をもたらすだけではなく、人間の家畜化も招いてしまう。

約三〇〇万以上と推計される生物種がアマゾンなどの開発で減少して、生物の多様性が改めて尊ばれているが、人間社会での「多様性」も注目され始めた。たとえば、男／女という二項対立ではなく、その間に様々なバリエーションがあるのを認めようというわけだ。その結果、一人ひとり違っていい、ということにもなるが、今日では「多様性」という言葉が少し美化されすぎているような気がする。ナンバーワンよりオンリーワンでいたいというのが近年の潮流だが、日本では同調圧力が強く、マスクを外すことにさえ大きな勇気がいる。また、他人を気にしないでいい、他人に干渉すべきではないという風潮が醸成されると、一人ひとりの違いをよく理解し合ったり、社会的なまとまりに配慮しようとしたりをしなくなる。近年、一人ひとりの違いを認めて包み込む「包摂性」と、「多様性」がセットにして使われるようになってきたのは、こうした事情に基づいている。

1　「多様性」という概念には同調圧力を強める効果が含まれるため、「包摂性」の理念によって修正しなければならない。
2　「多様性」が個性と混同して論じられることがあるが、それを防ぐには「包摂性」の考え方を優先して導入すべきだ。
3　「多様性」を容認することで、他者との共生への配慮が欠けてしまうことを防ぐためには、「包摂性」の考え方も重要になる。
4　「多様性」には他人のことを気にしないという無責任な態度も見られるから、「包摂性」のほうを大切にすべきだ。

四

人工知能をはじめとするテクノロジーを医療に利用することで、人間の寿命が驚異的に伸びるという予測がある。こうしたテクノロジーには、病気を治すだけでなく、人の能力を増大させるものもあるから、個人の生活だけでなく社会全体も変化を余儀なくされるだろう。そして、人工臓器や「脳神経インプラント」などの使用が進むと、人と機械との境界が曖昧になっていく可能性もある。人の様々な特徴を備えたアンドロイドの登場は、もはやSFの世界の話ではなくなっているが、そこには倫理的な問題も生じてくる。脳や臓器をどこまで人工的なもので代替しても、「人間性」に変わりはないのか。従来の「人間とは何か」という問いを、テクノロジーの発達が無効にしてしまうことすらあるかもしれない。

1　発達し続けるテクノロジーを医療に利用することは、様々な危険をはらんでいることを忘れてはならない。
2　人工的なもので脳や臓器を代替することが進むと、「人間とは何か」が改めて問い直されることになるだろう。
3　人工知能をはじめとするテクノロジーを医療に利用することで、人間性が変質することが危惧される。
4　アンドロイドと、人工臓器や「脳神経インプラント」を使う人間との間に、本質的な違いはない。

問18　次の文章は、会社員のAさんがある雑誌に投稿したものです。この文章について、後の質問に答えてください。

機械文明は、大量生産・大量消費を本旨とする近代資本主義社会を現出させた。資本家たちは、競争原理の中で利潤追求という至上命題を掲げ、最少経費でいかに多くの商品を生産するかに腐心した。そこで最も重視されたのは、生産効率であり、需要増であり、詮ずるところ、企業ないし資本家自身の財産を最大化することであった。その目的を達成するため、広告を行って商品の周知を図り、企業活動の版図を拡大する必要があった。

多々益々（　ア　）ということで、売れれば売れるほどよく、同じ消費者が同じ商品を何度も購入して、回転率を上げることも重要な戦略であった。購入した商品を長く大切に利用するのではなく、できるだけ早いうちに使い捨て、新しい商品に買い替えるという「捨てる文化」が当たり前になってしまった。少し破損していたり部品交換すれば使えたりするようなものでも、すでに廃番になっていて、結局処分せざるをえない。（　イ　）、故障していなくても、製品の意匠や機能を少し進化させた新規格が開発されると、新たな需要が起こり多くの消費者が購買意欲を掻き立てられて、結局その誘惑に負けてしまう。大枚をはたいて買ったものを、数年もしないうちにウヘイリのごとく捨て去ることは不本意であるが、冒頭に述べたように、これが近代社会の流儀なのであるから従うほかなかった。

着物は子々孫々伝えて着用し、使用済みの紙も捨てずに裏紙や宿紙として再利用する、言わば「捨てない文化」を継承してきた日本人にとっては、この「捨てる文化」には、大いなる違和感があった。（　A　）（　B　）（　C　）利益さえ上げればよい、それが唯一最高の徳であるといった考え方がエ瀰漫している。ただ、一方で、そうしなければ、国家経済は衰弱ないし破綻し、外国に伍することもできなくなるのだから、そのやり方で行くしかないのだと言われれば、反論の余地はないのかもしれない。

しかし、「経済」という漢語の本義は「経世済民」であり、人々を救い、世を治めることである。自身や自社の利益を追求することが目的なのではなく、それによって国家社会に資することが第一義だったのである。明治の実業家、渋沢栄一も尊敬していたという二宮尊徳翁の言葉に、次のようなものがある。

米は多く蔵につんで少しづつ炊き、薪は多く小屋に積んで焚く事は成る丈少くし、衣服は着らるるやうに拵へて、なる丈着ずして仕舞ひおくこそ、家を富ますの術なれ。則ち国家経済の根元なり。天下を富有にするの大道も其の実この外にはあらぬなり。

（福住正兄 記『二宮翁夜話』巻二、明治十七年）

多く稼ぐことは大切であるが、それは備蓄に回し、消費はなるべく少なくせよ、それが天下を豊かにする秘訣である、と教えている。大量生産・大量消費の近代経済の考え方と、オ一線を画するものである。

数年前の国連総会で、二〇三〇年までに達成すべき目標としていわゆる「SDGs（持続可能な開発目標）」が採択され、経済活動や生活水準などを持続的に安定したものにするために、資源保持のための省力化や廃棄物の削減といった項目が掲げられた。浪費を抑える考え方は、先述のごとく日本では江戸時代の二宮翁がすでに説いていたところであり、世界が日本流の「捨てない文化」の尊さにようやく気づいたのだと考えるのは傲慢に過ぎるだろうか。

第1回　問題

一　アに入る言葉として最も適切なものはどれでしょうか。番号で答えてください。

［1 弁ず　2 先ず　3 昂ず　4 乗ず］

二　イに入る言葉として最も適切なものは次のどれでしょうか。番号で答えてください。

［1 しかし　2 もし　3 なぜなら　4 また］

三　ウ「ヘイリ」を楷書の漢字で書いてください。

四　空欄（A）（B）（C）には、次のa～cの文をどの順番で入れるのが最も適切でしょうか。番号で答えてください。

a　昨今、SNSなどで「バズった」という一攫千金譚が取り上げられたり、好業績の企業がいかに利益を伸ばしたかというニュースばかりが報道されたりする風潮も、同じ性格を帯びたものとして理解できる。

b　奢侈を恥とせず、蕩尽を美徳とするかのような、まことに理不尽なところがあるからである。

c　資本経済至上主義によってこのような好ましからざる価値観がいつの間にか常識になってしまった。

［1 abc　2 acb　3 bac　4 bca　5 cab　6 cba］

五　エ「瀰漫」の読み方を平仮名で書いてください。

六　二宮翁の言葉について、傍線部オは、この場合具体的にはどういうことを述べているでしょうか。最も適切なものを番号で答えてください。

1　大量に生産され、それが大量に消費されることで成立している近代経済と、一致する面がある考え方である。
2　大量に生産し、大量に消費されることが前提になって動いている近代経済とは、まったく異質の考え方である。
3　大量に生産しなくても、消費を少なくすれば何とか豊かに過ごすことができると言っている点が異なっている。
4　大量生産を推奨する点は近代経済と一致するが、消費のあり方については見解が違い、方向性が明確に異なる。

答案用紙

日本語検定

令和5（2023）年度　第1回

注 意

1. 下の「受検者番号シール貼り付け欄」に、受検番号と氏名が書いてある受検者番号シールを貼り付けてください。
2. 答案用紙は裏面まで続いていますので、注意してください。
3. 読みやすい字で、枠からはみ出さないように記入してください。
4. 間違えたところは、消しゴムを使用して、きれいに消してから記入してください。

受検者番号シール貼り付け欄

受検者番号シールを
貼ってください。

特定非営利活動法人

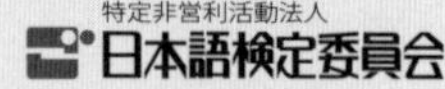

第1回　答案用紙

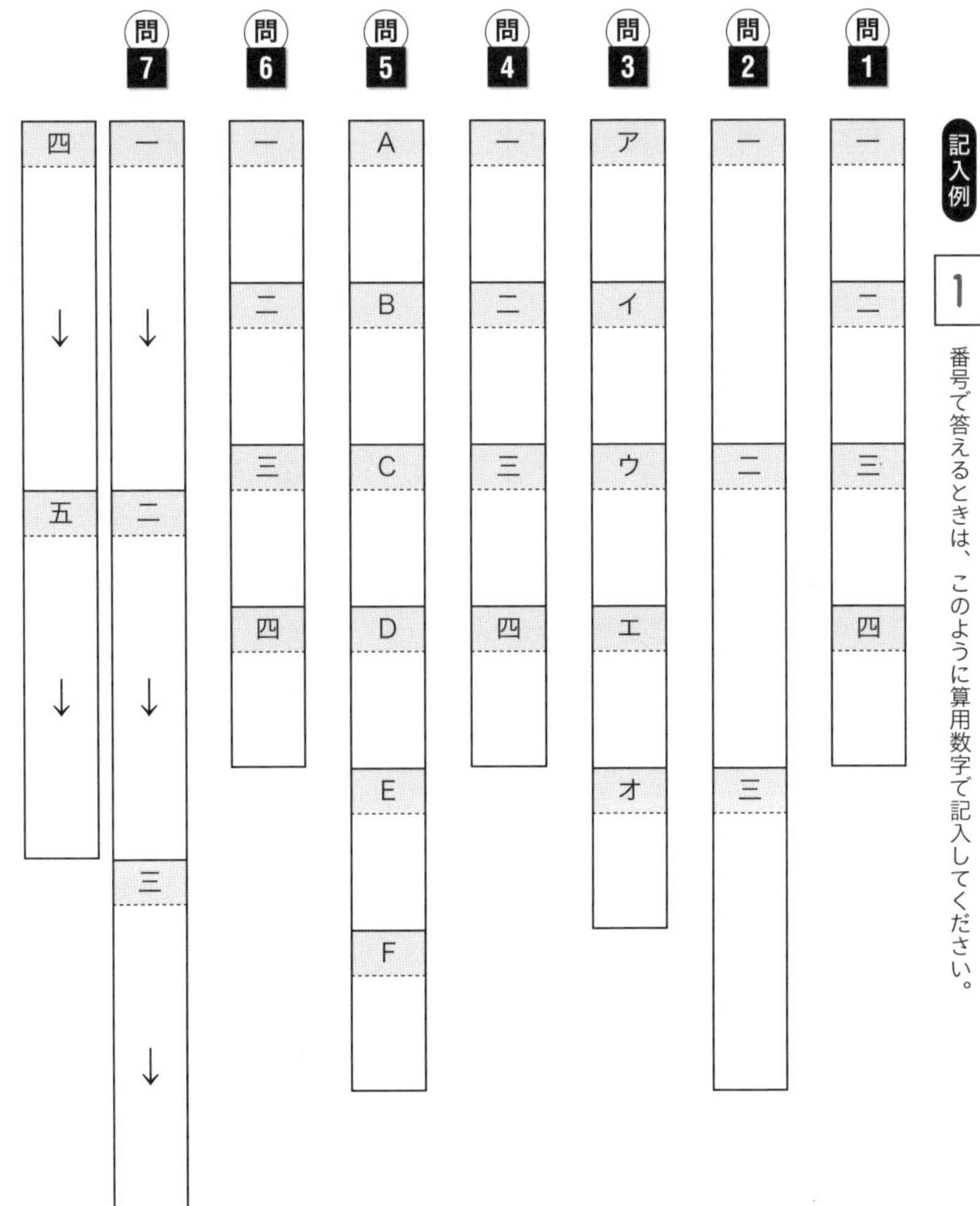

記入例
1
番号で答えるときは、このように算用数字で記入してください。
問1
一
二
三
四
問2
一
二
三
問3
ア
イ
ウ
エ
オ
問4
一
二
三
四
問5
A
B
C
D
E
F
問6
一
二
三
四
問7
一
↓
二
↓
三
↓
四
↓
五
↓

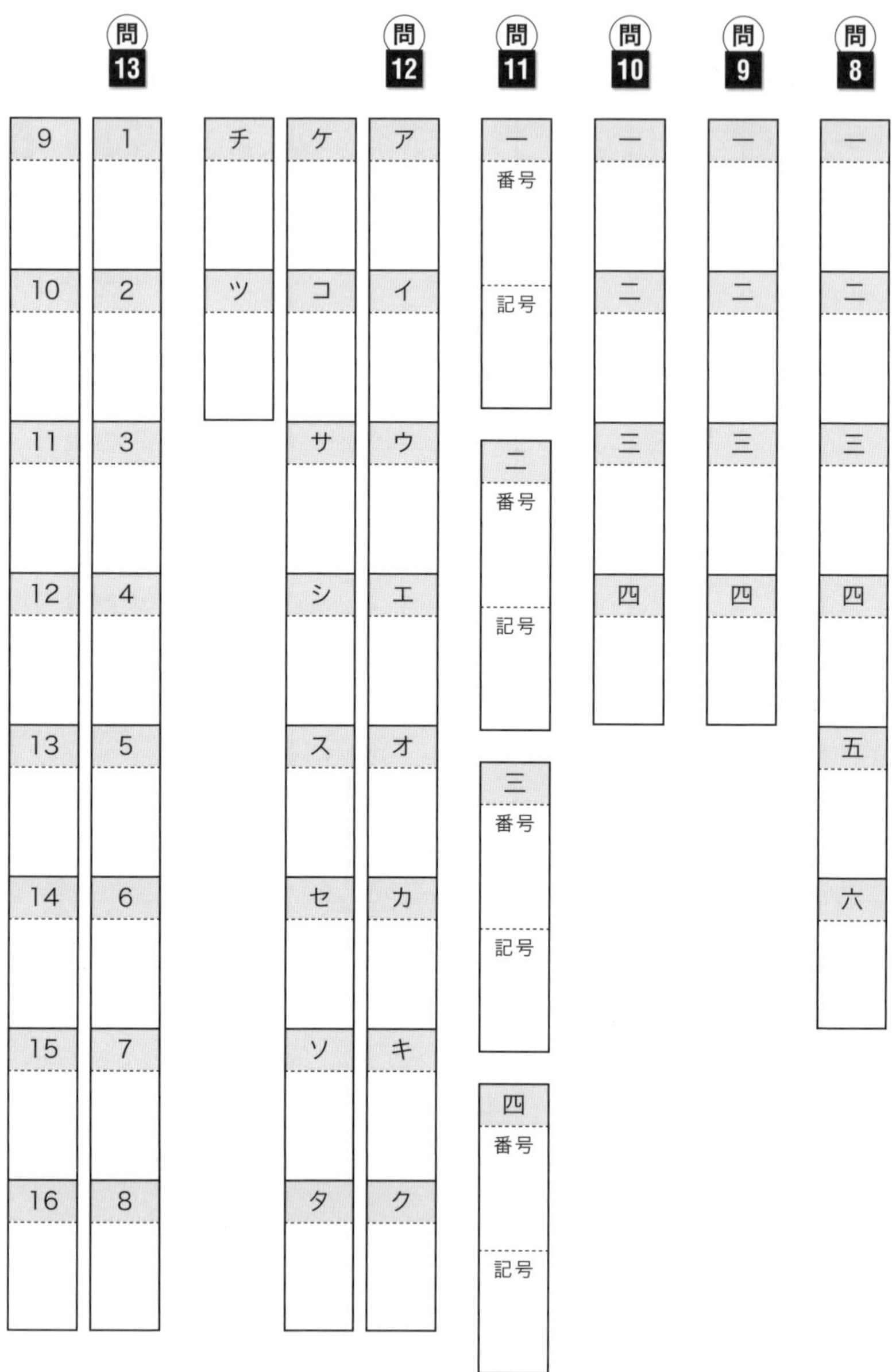
問8
一
二
三
四
五
六
問9
一
二
三
四
問10
一
二
三
四
問11
一
番号
記号
二
番号
記号
三
番号
記号
四
番号
記号
問12
ア
イ
ウ
エ
オ
カ
キ
ク
ケ
コ
サ
シ
ス
セ
ソ
タ
チ
ツ
問13
1
2
3
4
5
6
7
8
9
10
11
12
13
14
15
16

第1回　答案用紙

問14
一
二
三
四

問15
一
ア
イ
二
ア
イ
三
ア
イ
四
ア
イ

問16
一
漢字
番号
二
漢字
番号
三
漢字
番号
四
漢字
番号

問17
一
二
三
四

問18
一
二
三
四
五
六

問1 ［敬語］

解答　一…3　二…4　三…4　四…3

解答のポイント　使用場面や上下関係などに配慮した、適切な敬語の用法を問う問題である。尊敬表現と謙譲表現の混同や、その言い方が相手にどのような印象を与えるかといったことにも注意したい。

一　身内の者である同僚から聞いているので、敬語を使わずに言っている、3「聞いて（おります）」が適切。1「承って（います）」、2「うかがって（おります）」、4「お聞きして（います）」は、同僚に対して謙譲表現を用いていて、不適切。

二　調剤薬局で処方箋をもとに薬を受け取るように説明する言い方は、4「調剤薬局でお受け取りください」が明確で、適切。1は、「おうかがい」が謙譲表現で不適切。2は、「立ち寄って」に敬意が含まれておらず不適切。3は、「査収」が薬を受け取る場面で用いる言葉ではないので不適切。

三　取引先に送った見積書について電話で連絡をする場面である。4「見積書の件で、ご連絡いたしました」が、自分を主語にした、相手に押し付けがましくない言い方で適切。1・2・3は、いきなり相手側の状況や行為について尋ねているので不適切。加えて、1は、「届いていらっしゃいます」と見積書の移動に対して必要のない尊敬語を用いている。2は、「ご確認していただけましたでしょうか」が、相手の行為に「ご～する」という謙譲表現を用いている上に、押しつけがましい印象を与えるのも不適切。3の「ご覧になりましたか」は、相手の行為をことさらにあげつらうようにも取られかねない。

四　菓子の賞味期限を伝えるには、菓子が「日持ちする」商品であることと、「三週間以内に食べてほしい」ことを尊敬語「お召し上がりください」を用いて言っている、3の言い方が適切。1は、「（賞味期限が三週間）になります」という、一般に「バイト敬語」などとして避けるべきだと言われている言い方を用いており不適切。2は、「ご了承ください」が、予測されるクレームに対する断り書きなどに用いられる言い方で不適切。4は、「お日持ちいたします」と、菓子の賞味期限について謙譲表現を用いているのが、不適切。

問2 【敬語】

解答　一…しつけ　二…ちらさま　三…もり

解答のポイント　使用場面や立場の上下関係などを考え、指示された条件に従って、適切な言い方を考える問題である。

一　「ぶしつけな」とするのが適切。相手にいきなり手紙やメールなどで依頼をして、無礼をわびる言い方としてよく用いる。「ぶしつけ」は、漢字では「不躾」。

二　「あちらさま」とするのが適切。上位者に対する丁寧な言い方。

三　「おしまい」の意を表す「おつもり」とするのが適切。酒の場で最後の一杯にすること。

問3 ［敬語］

解答　ア…4　イ…4　ウ…1　エ…4　オ…3

解答のポイント　タクシーの乗務員と乗客という立場を考えると、乗務員は乗客の行為には尊敬表現を、自身の行為には謙譲表現を用いるべきである。一方、円滑なコミュニケーションを行う上で、乗客のほうも、乗務員に負担をかけるような事柄を要求するような場合には、それなりの謙虚な表現を用いることが望まれる。

ア　乗務員に尊大な態度をとっているといった印象を与えるのを避ける意味で、4の「〜てくださいませんか」という丁寧な依頼表現を用いるのが適切。1と3は、尊敬語「いらっしゃる」を用いているが、肝心の文末の依頼表現に丁寧さがこめられていない。2は、依頼を表す部分「行ってやって」が誰かほかの人のために依頼する言い方なので不適切。

イ　自分が「行く」行為に「参る」という謙譲語を用い、「よろしいんですね」と丁寧に確認を求めている、4が適切。1と2は、乗客に確認を求める表現である「〜いいんですね」に丁寧さがない。また、2は、自分の行為に尊敬語を使っていることになる。3は、時計屋に「様」をつける必要はない上に、自分の「行く」行為に謙譲表現が用いられていない。

ウ　車を止めるという相手の行為に対して、尊敬表現を用いることが望まれる。したがって、「止めていらっしゃる」を用いた1が適切。2は、謙譲語「お止めする」を用いていて不適切。3は、「お〜になる＋れる」が過剰敬語で不適切。4の「止めてくださっていても」は、ここに恩恵表現「くださる」を用いる必要はないので、不適切。

エ　乗客が「戻る」行為には尊敬表現を、乗務員が乗客を「待つ」行為には謙譲表現を用いるべきである。その点から、**4**が適切。**1**は「戻る」に謙譲表現が、**2**は「待つ」に尊敬表現が用いられ、どちらも不適切。**3**は、乗務員は乗客の指示に従っているのに、「〜させていただく」を用いているのが不適切。

オ　乗務員に負担をかけることに対する乗客の謝意を述べる表現であるから、謙譲表現が用いられなければならない。適切な謙譲表現を用いた**3**が適切。**1**と**2**は、相手に「面倒をかける」行為を尊敬表現によって表しており、不適切。**1**の「かけられる」を受け身の意味だと解すれば、謙譲の意が表されていないことになる。**4**は、事実を述べてはいるが、謙譲の気持ちが表されていないので不適切。

問4 【敬語】

解答　一…**3**　二…**2**　三…**1**　四…**1**

解答のポイント　**手紙文や改まった挨拶などに特有の、文脈に合った適切な語を選ぶ問題である。常套的・慣用的に結び付きの決まったものもあることに注意したい。**

一　自分の作った和歌を謙遜して言う言葉として**3**の「拙吟」が適切。「吟」は和歌、漢詩など詩歌のこと。「当」、「弊」、「小」と「吟」を結びつけて使うことは一般的ではない。

二　忙しい時期にという意味で**2**の「(御用)繁多」を用いるのが適切。**1**「煩瑣(はんさ)」は細かくて煩わしいこと。3「忙中」は忙しいさなか、4「多端」は仕事などが多いこと。3と4は意味としては忙しいことにつながるが、手紙文で相手の様子を表す際に一般的に用いる表現ではない。

三　1の「(天の)美禄(びろく)」が酒の美称として適切。2「美味」は味がよいこと、3「美食」はぜいたくな食事のこと、4「美果」はおいしい果実のことで、いずれも「美禄」のような使い方はしない。

四　ある程度親しい間柄の友人に相談を持ちかける手紙である。年上または同年輩の男性に対して男性が用いる二人称である、1「大兄」が適切。2「師兄」は、「すひん」と読み、禅宗で兄弟子の意。3「令兄」は、他人の兄を敬っていう語。4「長兄」は一番上の兄の意。

問5【文法】

解答　A…エ　B…ウ　C…カ　D…ア　E…オ　F…イ

解答のポイント　名詞・代名詞として用いる「やつ」の意味・用法を取り上げている。

品詞…A・B・C・E・Fは、常に修飾語を伴って人や物に対して侮蔑や愛着などの気持ちを込めて差し示す名詞、Dは特定の人間を指す人称代名詞である。

意味・用法…対象を卑しめる使い方をしているものをA、親しみを表すものをB、物をぞんざいに指し示す言い方をC、「やつ(だ)」を添えなくても意味が通じるE、「というやつ」と一くくりにして一般化する言い方をF、また、指し示す対象が分かっている文脈でその人についていう人称代名詞をD、のように分類したとき、選択肢のア～カがそれぞれどれに最も近いかを判断する問題である。

注意点…近年、この「やつ」が多用される傾向があるが、俗な語感を持つ言葉なので、控えるように気を付けたい。

ア　人称代名詞としての「やつ」である。Dと同じ意味・用法。

イ　「というやつ」を用いて一般論を述べている。Fと同じ意味・用法。

ウ　文全体から見ると、親しみを込めて「やつ」を用いている。Bと同じ意味・用法。

エ　卑しめる気持ちを込めて「やつ」を使っている。Aと同じ意味・用法。

オ　「おいしい（と思う）」などと言ってすむところに「やつ（だ）」を用いている。Eと同じ意味・用法。

カ　ぞんざいに物を指す「やつ」である。「もの」とすれば、中立的な表現となる。Cと同じ意味・用法。

問6　［文法］

解答　一…1　二…4　三…2　四…3

解答のポイント　社会的事象などについて言及した小文中の、文中表現や文末表現を問う問題である。文と文の関係などに留意して、書き手の意図を的確につかむことが求められる。

一　硬貨の入金に手数料がかかるようになったために寺社が賽銭の扱いに苦慮しているという内容で、対策として二つの例が示されている。二つの対策に共通しているのは、大量に集まってしまう硬貨をどうするかという点であり、（　　　）には「賽銭文化」特有の「硬貨」に関わる事情が示されるものを選ぶ必要がある。したがって、1が適切。2・3・4は、そこまで述べてきた硬貨の入金をめぐる問題と関連がないので、不適切。

二　月食が起きるメカニズムについて述べた文章である。「月が地球の影に入る」場合について（　　）で述べ、後文ではさらに限られた条件の下に「皆既月食」が発生することを述べていることから、「月食」について簡略に説明した、4が適切。1は日食の発生する原理について誤りがある上、それが分からなくとも後文の内容からこの箇所に日食の説明が含まれるのは不自然である。2は事実関係として誤ってはいないが、後文で「特に皆既月食という」とあるのに「月食」についての説明がないので、不適切。3は「月面から見た太陽」という最後の文に関連する内容なので、ここでは不適切。

三　最近の政策の主要な対象となる世代が変わってきていることについて、述べた文章である。その例として、「物価高への対応」と「感染症対策の緩和方針」について取り上げたことを受けて、「どうも、（　　）」の文で結論を述べている。したがって、「高齢者」よりも「未来のある世代」を重視するようになっているという、2が適切。1・3・4は、いずれもここまでの議論を受けたものになっていないので不適切。加えて、1は、直前で述べた「緩和方針」とは無関係。3は、「緩和方針」だけを取り上げた言及である上に、「経済活動重視」を「高齢者退場」につなげるのは無理がある。4は、「弱者救済」や「社会福祉」など、論点を無理にずらして拡大している。

四　DNA解析技術の飛躍的な向上が、人類史研究に驚異的な進歩をもたらしていることを述べた文章である。（　　）の前の「それ」は、「全ゲノムデータ解析による新発見」が続いていることだと捉えられるので、3「考古学や人類学の定説を打ち砕き、新たな人類の歴史を浮かび上がらせている」

が適切。（　　）に続く最後の文で、その具体的な例を述べていることとも整合する。**1**は、文章中では、新発見によって人類の捉え方が根底からくつがえると述べているので不適切。**2**は、文章の内容とは逆に、新発見をＤＮＡ解析技術の飛躍的な向上の原動力としているので不適切。**4**は、「ホモ・サピエンスの進化の道筋」と「ネアンデルタール人由来のＤＮＡ」について後文で述べられていることと矛盾し、不適切。

問7 【語彙】

解答　一…一⬇十　二…を⬇に　三…良⬇両　四…火⬇非　五…暇⬇島

解答のポイント　**話し言葉でもしばしば使用される慣用句について、正確な知識を問う問題である。特に、耳で聞いただけで覚えた慣用句の中には、誤った形のまま使っているものがある可能性もある。正しい形を辞書で確認し、適切に使用するようにしたい。**

一　あれやこれやをひとまとめにして扱う様子を、「十把（じっぱ）ひとからげ」という。

二　自分が果たすべき務めだと心得て、そのことについて責任を負うことを、「双肩に担う」という。

三　「一両日中」は、今日か明日（あす）かのうちに、という意を表す。

四　完璧で非難するところがない様子を、「非の打ち所がない」という。

五　「取り付く島がない」は、何かを頼んだり相談しようと思っても、相手がひどく冷たくて、きっかけがつかめない様子をいう。

問8 ［語彙］

解答 一…4　二…6　三…8　四…3　五…5　六…7

解答のポイント 「〜に」という形の副詞の意味と用法を問う問題である。

一　物事の一つ一つが漏れなく取り上げられる様子を表す、4「つぶさに」が適切。
二　ただそれだけがすべてで他の要素は一切入らないと強調する気持ちを表す、6「ひとえに」が適切。
三　正当な理由もないのにそうしてはいけないと警告する気持ちを表す、8「みだりに」が適切。
四　かなり早い時期からそのようであったと捉える様子を表す、3「つとに」が適切。
五　ある時期を境にして急激にそうした傾向が目立つようになる様子を表す、5「とみに」が適切。
六　謝罪の気持ちを受け入れてほしいと切実に願う様子を表す、7「ひらに」が適切。

問9 ［言葉の意味］

解答 一…1　二…3　三…2　四…1

解答のポイント 文脈に合った適切な語を選ぶ問題である。この種の語には、常套的・慣用的に結び付きの決まっているものもあることに注意したい。

一　何かがきっかけで様々な思いが心に浮かび、胸がいっぱいになることを、「万感交交（こもごも）至る」という。

1が適切。他の選択肢の語が、「万感交交～」の形で同様の意味を表すことはない。

二　若い女性が恥ずかしさなどで顔を赤くする様子を、「紅葉を散らす」という。3が適切。他の選択肢の語が、「紅葉を～」の形で同様の意味を表すことはない。

三　久しぶりに会った旧知の人に、無沙汰を詫びる挨拶をすることを「久闊を叙する」という。2が適切。他の選択肢の語が、「久闊を～」の形で同様の意味を表すことはない。

四　相手をだまして陥れようとするために策略を用いることを、「詭計を巡らす」という。1が適切。「詭計を弄する」とも言うが、他の選択肢の語が、「詭計を～」の形で同様の意味を表すことはない

問10 【言葉の意味】

解答　一…2　二…2　三…1　四…2

解答のポイント　日常の口語表現ではあまり用いられなくなったが、文章表現の世界では、現在でも健在な語がある。この種の語の意味は、理解面では、文脈に依存した解釈で何とか済ませていることが多いようだ。しかし、表現面に応用するとなると、適切に用いることのできないことがしばしばある。日頃から辞書に当たるなりして、意味・用法を的確に把握しておくように心がけたい。

一　【揶揄】は、皮肉を言ってからかうこと。2が適切。1は「説得」、3は「表現」などとでも言うべきところ。

二　【使嗾】は、悪事などをそそのかすこと。2が適切。1は「指導」、3は「配置」などとでも言うべ

きところ。

三 **【差し詰め】**は、そのものの特質を端的に表せばそう言える、と判断する様子を表すときに用いる。**1**が適切。**2**は「缶詰め」、**3**は「さぞかし」などなら意味が通る文。

四 **【金釘流】**は、金釘を並べたような、上手とは言えない文字の書き方をあざけっていうときに用いる。**2**が適切。**1**や**3**のように箱の作りや人の性格に用いる言葉ではない。

問11 【言葉の意味】

解答 一…**2・ア**　二…**3・ア**　三…**2・イ**　四…**1・イ**

解答のポイント **ある状況や事態を端的に表すのに用いられる故事成語などの、正しい形や的確な意味の理解を問う問題である。必ずしも日常的に用いられているわけではないので、折にふれて、意味・用法を正確に把握しておくように心がけたい。**

一 「鶏群の一鶴」が正しい。たくさんの鶏がいる中に一羽の鶴がいる意から、多くの凡人の中に一人の傑出した人物がいることをいう。**ア**が適切。

二 「宋襄の仁」が正しい。中国の春秋時代、宋の襄公が敵対する楚になまじあわれみをかけたため、負けることになったという故事から、相手に対する無益なあわれみや思いやりのこと、また、それを相手にかけることをいう。**ア**が適切。

三 「瓜田に履を納れず」が正しい。瓜畑で履が脱げても、瓜を盗むと疑われるのでかがんではき直すなどいう『古詩源』にある故事から、疑われる恐れのある行為はしないほうがよいという意。イが適切。

四　「亡羊の嘆」が正しい。逃げた羊を追い求めたが、道がいくつにも分かれ、とうとう見失ってしまって嘆きに沈んだという『列子』にある故事から、多岐にわたる学問の道のどこに真理を求めてよいか分からなくなるのを嘆くことをいう。イが適切。

問12 【表記】

解答

ア…×　イ…×　ウ…×　エ…×　オ…◯　カ…×　キ…◯
ク…◯　ケ…×　コ…◯　サ…×　シ…◯　ス…◯　セ…◯
ソ…◯　タ…◯　チ…×　ツ…◯

解答のポイント　**漢字表記の誤りを指摘する問題である。文脈に合った適切な漢字の用法を身につけるようにしたい。**

ア　「熟読玩味」（じゅくどくがんみ）が適切な表記。
イ　「顛末」（てんまつ）が適切な表記。
ウ　「知悉」（ちしつ）が適切な表記。
エ　「隣接」が適切な表記。
オ　「拾い読み」は適切な表記。

カ　「逐一」（ちくいち）が適切な表記。
キ　「蓄え」は適切な表記。
ク　「軟らかい」は適切な表記。
ケ　「仄聞」（そくぶん）が適切な表記。
コ　「為替」は適切な表記。
サ　「有為転変」（ういてんぺん）が適切な表記。
シ　「進捗」は適切な表記。
ス　「篤と」は適切な表記。
セ　「洞察力」は適切な表記。
ソ　「献立」は適切な表記。
タ　「糧」は適切な表記。
チ　「煩わしい」が適切な表記。
ツ　「宣伝文句」は適切な表記。

問13　［語彙］

解答

1…C　2…A　3…D　4…B　5…B　6…D　7…C　8…C
9…B　10…A　11…D　12…B　13…A　14…C　15…D　16…B

解答のポイント

漢字で表記される語の出自、すなわち、日本語に固有の和語か、他の言語からの借用語であるかの知識を問う問題である。日本の歴史や文化と関連付けて知識を身に付けることは、教養の一環としても望ましいことである。

・**Aの類**…中国語からの借用語であるが、呉音や漢音で発音される語に比べて伝来が新しく平安中期から江戸時代にかけて中国から伝えられた音によるものである。唐宋音と呼ばれる。多く禅宗と関わりのある語や、新たに中国から伝えられた文物の名称に用いられる。
「瓶」のほか、**2**「行灯」・**10**「饅頭」・**13**「風鈴」などがこれに当たる。

・**Bの類**…十六世紀末から十七世紀初めにキリスト教伝来とともに日本にもたらされた文物を表す。ポルトガル語やスペイン語、また、やや遅れて日本語化したオランダ語に漢字を当てて表記したもの。
「合羽」のほか、**4**「基督」・**5**「羅紗」・**9**「缶」・**12**「襦袢」・**16**「歌留多」などがこれに当たる。

・**Cの類**…漢訳仏典などにおいて、梵語（サンスクリット語）を表音的に漢字で表したもの。仏教関係の語に多く用いられ、一般に梵語の音訳と呼ばれる。
「娑婆」のほか、**1**「旦那」・**7**「夜叉」・**8**「刹那」・**14**「伽藍」などがこれに当たる。

・**Dの類**…和語（固有の日本語）で、適切な漢字を当てることができない語を表記するための文字を、漢字の構成法を模して、日本で作ったもの。一般に国字と呼ばれる。
「峠」のほか、**3**「凧」・**6**「畑」・**11**「榊」・**15**「笹」などがこれに当たる。

第1回　解答と解説

問14 ［言葉の意味］

解答　一…3　二…2　三…1　四…2

解答のポイント　漢字には複数の意味を表すものがある。熟語の構成要素として用いられる個々の漢字の意味を的確にとらえることは、語の意味の正しい理解のために大切なことである。

一　**【趣】**…1「趣味」、2「情趣」、4「野趣」の「趣」は、その物事の独自の味わい、おもむきの意を表す。3「趣意」の「趣」は、問題として取り上げた事柄などについての考えという意を表す。

二　**【芳】**…1「芳香」、3「芳紀」、4「芳醇」の「芳」は、（香りが）かんばしいという意を表す。2「芳書」は相手からの手紙を敬って言う語で、「芳」は、相手にかかわる事物に添える美称。

三　**【子】**…2「調子」、3「菓子」、4「帽子」の「子」は、それ自体に実質的な意味はない接尾語。1「才子」の「子」は「人」の意で、「才子」は、才知にすぐれた人のこと。

四　**【禁】**…1「厳禁」、3「発禁」、4「禁断」の「禁」は、ある行為を差し止める意を表す。2「禁裏」の「禁」は、一定の資格を備えた者しか出入りが許されないことから、皇居を指す。「禁門」「禁中」の「禁」も同じ。

問15 ［漢字］

解答
一 ア…ほぐ イ…がかい　二 ア…きし イ…あつれき
三 ア…きぬ イ…えもん　四 ア…ねんご イ…じっこん

解答のポイント 一般に漢語の熟語として用いられることの多い漢字の、音と訓を問う問題である。漢字の訓を知ることは意味の理解につながることなので、折にふれて覚えるように心がけたい。

一 「**解**」の音は「かい」「げ」、訓は「とく」「とける」「とかす」「ほぐす」など。**イ**の「瓦解」は、一部の崩れから組織や体制の全体が崩れること。
二 「**軋**」の音は「あつ」、訓は「きしむ」「きしる」など。**イ**の「軋轢」は、協調するべき者どうしが争うこと。
三 「**衣**」の音は「い」「え」、訓は「ころも」「きぬ」など。**ア**の「歯に衣着せぬ」は、相手の思惑などを気にせず、思っていることを遠慮なく言う様子。**イ**の「衣紋」は、礼法にかなった衣服やその着方のことで、「衣紋を繕う」は、衣服の乱れを直す意。
四 「**昵**」の音は「こん」、訓は「ねんごろ」。**ア**の「懇ろ」は、男女の仲が親密な様子。**イ**の「昵懇」は、親しくつきあって遠慮のない様子。

問16 【漢字】

解答 一…落・1　二…麗・2　三…湯・1　四…服・2

解答のポイント 四字熟語の、適切な表記と意味の的確な理解を問う問題である。正しい表記を記憶に留めておくことは、思い込みや勘違いでとらえている意味を正すうえでも大切なことである。

一 **沈魚落雁**（ちんぎょらくがん）…美人の美しさに圧倒されて、魚は水底に隠れ、飛んでいる雁は地に落ちる意で、女性の容貌が際立って美しいことの形容。1が適切。

二 **美辞麗句**…必ずしも本心を表しているとは思えないような、美しく飾り立てた言葉のこと。2が適切。

三 **金城湯池**…鉄で造られた城壁と熱湯をたたえた堀の意で、極めて守りの堅い城市、また、堅固に保持している勢力範囲のことをいう。1が適切。

四 **拳拳服膺**（けんけんふくよう）…「拳拳」は堅く握って離さない意で、「服膺」は胸に着ける意。そこから、常に心に刻んで忘れないことをいう。2が適切。

問17 【総合問題】

解答 一…2　二…1　三…3　四…2

解答のポイント 文章（特に論説文）を読む際には、経験的に得ている知識や先入観を排除して、述べられている事柄を客観的に理解しようとする態度が望まれる。そういった態度で臨むことによって、記述されている事柄がどの程度説得力のあるものかなど、筆者の立場についての理解も深まるのである。文章中の接続語句や文末表現などにも注意を払い、筆者の主張を的確につかむように努めたい。

一　1は、基礎研究が人間の外部に宇宙空間のようなフロンティアを提供する、といったことは述べられていないので、不適切。2が、「人間の内部にフロンティアを求めようとする考え」を重視し、停滞している基礎研究に注目すべきだという文章の趣旨に合致し、適切。3は、「人間にとってフロンティアとして残されているのは宇宙空間だけ」として、「人間の内部にフロンティアを求める動き」を無視しているところから、不適切。4は、文章中で基礎研究を重視すべきことは述べていても、『科学技術』から『科学』へと、再び方向を転換する必要がある」とまでは述べていないので、不適切。

二　1が、文章末尾に「ウイルスはヒトと家畜の違いを曖昧にさせてしまう」とあり、その前のところで、感染症によってニワトリが人間並みの扱いを受け、人間がニワトリ並みになる具体例が述べられていることと合致し、適切。2は、文章中で、ニワトリの大量殺処分が「副次的な影響を人間社会に及ぼす危険性」について触れてはいるが、「鳥インフルエンザの感染予防よりも」その影響を懸念して、大量殺処分を禁止すべきだとは述べていないので、不適切。3は、ニワトリへの検査やワクチン接種が、大量殺処分をしないことに直接はつながらないし、「動物虐待につながるニワトリの大量殺処分を防ぐべき」というところに文章の主眼があるわけではないので、不適切。4は、人間が家畜のように扱われる事態を招いているのは、「鳥インフルエンザウイルス」よりもむしろ現在の「新型コ

第1回　解答と解説

ロナウイルス」であると捉えられるので、不適切。

三　1は、文章中では、「多様性」の概念に「同調圧力を強める効果が含まれる」といったことは述べていないので、不適切。2は、「多様性」が「個性と混同して論じられることがある」とは述べていないし、その混同を防ぐために、「包摂性」を優先的に導入すべきだとも述べていないので、不適切。3が、「他者との共生への配慮」を欠かさないためには、「多様性」だけでなく「包摂性」も重要だとしており、後半の二つの文で述べられている内容と合致し、適切。4は、この文章では「多様性」より「包摂性」が大切だと言っているわけではないので、不適切。

四　1は、文章中では、テクノロジーの医療への利用そのものが危険だとは述べていないので、不適切。2が、この文章の結論部分である最後の二文で述べていることと合致しており、適切。3は、この文章では、テクノロジーの医療への利用が「人間性」を変質させることを危惧しているわけではなく、単に「人間」や「人間性」が従来の考え方では捉えられなくなる可能性を指摘しているので、不適切。4は、文章中では、人と機械との境界があいまいになっていく可能性があると述べているだけであるので、的外れであり不適切。

問18 【総合問題】

解答　一…1　二…4　三…弊履　四…4　五…びまん　六…4

解答のポイント　文章の的確な読み取りを通して、文脈に合った空欄の言葉を考えたり、文章の趣旨を考えたりする問題である。筆者が何を言おうとしているのか見極めながら、細部に気を配って読むことが大切である。

一　1が適切。「多々益々弁ず」が、「多ければ多いほどよい」という意を表す成句。漢の韓信が、兵の数が多ければ多いほど統率しやすいと言ったという、『漢書』の故事にもとづく。

二　イの前の文までは、大量消費の「捨てる文化」に言及し、修理すれば使えそうなものでも、廃棄せざるをえない現状について述べる。後の文では、新しい商品が次々開発されるのでそちらが欲しくなって購入してしまい、古い物を使わなくなる人が多いことを述べる。前後の文は、どちらも「捨てる文化」がどのようなものであるかを順次説明したものであるから、4「また」が適切。

三　「弊履」（敝履）と書く。破れて使い物にならなくなった履き物のことで、何の役にも立たないもののたとえ。

四　（　）の前の文では、日本人は物を大切にする「捨てない文化」を大切にしてきた歴史があるので、「捨てる文化」には違和感をもつ、ということを述べている。これに自然に続くものとして、Aには、そう感じる理由を述べたbが入る。まだ使えるものを使い捨てるというのは、後先を考えず好き放題に使って恥じない贅沢を美徳とするような、「理不尽なところがあるから」だと。Aに続くBには、「このような好ましからざる価値観」という指示語を用いてbの内容を受けているcが入る。Cには、bcを受け、少し視点を変えて「昨今」のSNSなどをめぐる風潮を取り上げ、それらがbcで述べたことと「同じ性格を帯びたもの」だと言っているaが入る。

五　「びまん」と読む。広がってはびこること。

六　「一線を画する」は、二つのものの間に一本線が引かれ、両者がはっきり区別されるという意を表

第1回　解答と解説

す。傍線**オ**では、「二宮尊徳翁の言葉」の意味することと、「大量生産・大量消費の近代経済の考え方」との違いが明白だということを言っている。二宮翁の言葉を見ると、冒頭から「米は多く蔵につんで少しづつ炊き」と言っているように、多く生産しても消費はなるべく少なくして「仕舞ひおく」ことを勧め、それが「国家経済の根元」だと言っており、「大量生産」は近代経済に通じるが、「大量消費」は否定される。したがって、大量生産を勧める点は同じだが、消費のあり方については見解が異なると述べている、**4**が適切。**1**は両者が「一致する面がある」とだけ言っており、不適切。**2**と**3**は、いずれも両者は違うものだとは言っているが、どのように違うのかという点で文章の論と合っていないので、不適切。

検定問題

日本語検定

令和5（2023）年度　第2回

1級

受検上の注意

1. 問題用紙は、検定監督者の合図があってから開いてください。
2. 乱丁や著しい汚れがある場合は取り替えますので、直ちに検定監督者に申し出てください。
3. 答案用紙に、受検番号と氏名が書いてある受検者番号シールを貼り付けてください。
（線で囲んである「受検者番号シール貼り付け欄」に貼り付けてください。）
4. 問題内容についての質問には答えられません。
5. 途中退場する場合は挙手をして、検定監督者に申し出てください。

●**検定実施：2023 年 11 月 11 日**

●**受検時間：60 分**

特定非営利活動法人
日本語検定委員会

問1

【　】のような場面で、それぞれの（　　）部分はどのような言い方をすればよいでしょうか。最も適切なものを選んで、番号で答えてください。

一　【企画部の課長が営業部の課長に部下を引き合わせて】

山本課長、（　　）遠山君です。

1　今回の共同プロジェクト担当メンバーの
2　今回の共同プロジェクトを担当してもらうことにした
3　今回の共同プロジェクトに参加してくれる
4　今回の共同プロジェクトを担当させていただくことになった

二　【ある委員会の事務局員が委員からの電話を受け、先方の用件を聞いた後で】

承知しました。（　　）、次回の会議の日程が決まりましたのでお伝えいたします。

1　こちらの用件を述べさせていただきますが
2　失礼ではございますが
3　もう少しお時間をいただきますが
4　いただいたお電話で恐縮ですが

三　【スーパーのセルフレジに貼られた注意書きで】

恐れ入ります。（　　　　　）。

1　このレジは、現金のお取り扱いはございません

2　こちらのレジは、現金では精算できません

3　こちらは、キャッシュレス決済のみの取り扱いとなります

4　このレジは、現金ではお支払いになれません

四　【レストランの予約を電話で受けて】

承知しました。七月四日金曜日、十一時半から六名様、（　　　　　　　　　）。

1　中村様でご予約お取りいたします

2　中村様でお席をお取りします

3　中村様ということでご予約賜ります

4　中村様のお名前でご予約を承ります

第2回　問題

【　　】のような場面で、それぞれの――部分はどのような言い方をすればよいでしょうか。＊に示した条件に合うよう、（　　　　　）に入る適切な言い方を解答欄に記してください。

一【同窓会の開催を知らせる書状で】

同封の出欠確認用はがきは、来月末までにご返信（　　　　　　）よう、お願い申し上げます。

＊「もらえる」ということを、敬語を用いて丁寧に言う

二【取引先の部長を接待する場で、上役が部下に】

斉藤部長は水割りがお好きだから、焼酎の水割りをお（　　　　　　）なさい。

＊動詞「作る」を用い、「作ってやれ」ということを敬語で言う

三

【商談の場で、先方から自分の裁量を超える提案をされて】

その件は私の（　　　　　）では判断いたしかねますので、後日お返事します。

＊「個人的な考え」ということを二字の漢字で表す

第2回　問題

次の会話は、観光ホテルでの祝いの会について、客とホテル側担当者とがオンラインシステムを使って打ち合わせをした時のものです。**ア～オ**の――部分について、最も適切な言い方を選んで、番号で答えてください。

【岩井】ご会席担当の岩井でございます。御母堂さまの米寿のお祝いとのこと、誠におめでとうございます。事前に営業担当者が**ア**お話を賜った内容に沿って、ご宿泊付き会席プランをお作りしてみました。事前にメールでお送りしましたが、**イ**ご笑覧くださいましたでしょうか。

【客】はい。確認しております。

【岩井】一番**ウ**ご心配しておられるのが、お食事とのことでしたが……。

【客】高齢の母にも、私たちと同じものを食べてもらいたいと思っています。

【岩井】当ホテルの料理長は、以前からご年配の方にも安心して召しあがっていただける料理の開発にも**エ**携わってまいりました。当地の海鮮と有機野菜をお楽しみいただけるように、心を込めてお祝い膳の献立をご用意しております。こちらの写真をご覧ください。

【客】おお、おいしそうですね。

……

【岩井】　お祝いの席は、ご家族一同様の写真をお撮りして[オ]お仕舞いにさせていただきます。お部屋はベッドでお休みいただける和洋室、露天風呂付きの特別室をご用意いたしました。

ア……1（適切である）
2　伺った
3　お伺い申し上げた
4　お話しさせていただいた

イ……1（適切である）
2　ご検討いただけましたでしょうか
3　お手元に届いていらっしゃいますでしょうか
4　ご確認なさいましたでしょうか

ウ……1（適切である）
2　ご懸念しておいでなのが
3　ご憂慮なさっているのが
4　心配なさっていらっしゃるのが

エ……1（適切である）
2　一家言持っております
3　貢献しておりました
4　携わってございます

オ……1（適切である）
2　とどこおりなく終了となります
3　お開きとさせていただきます
4　幕引きとさせていただきます

第2回　問題

問4 【　　】のようなとき、それぞれの（　　）部分はどのような言い方をすればよいでしょうか。最も適切なものを選んで、番号で答えてください。

一 【手紙文で、自分の文章の書き方について謙遜して述べて】

以上、（　　）よろしきを得ぬ文章になり申し訳なく存じます。

［ 1 簡素　2 繁簡　3 等閑　4 繁閑 ］

二 【新人賞を受賞した映画監督の、授賞式でのスピーチで】

諸先輩の（　　）に付して、このような栄誉に浴することができたことを嬉しく思います。

［ 1 掉尾　2 機微　3 驥尾　4 荼毘 ］

三 【恩人に宛てて書いた、「謹啓」で始めた手紙の最後に】

時節柄どうぞご自愛ください。

（　　）

［ 1 不一　2 拝礼　3 頓首　4 伏拝 ］

四 【長い付き合いの知人から、夫が死んだとの知らせを受けて】

ご夫君のご（　　）に接し、なんとお慰め申し上げるべきか、言葉もございません。

［ 1 不運　2 訃音　3 死去　4 昇天 ］

助詞「は」を意味・用法別にA～Gに分けました。同じ意味・用法で使われているものを、ア～キから一つずつ選んでください。一つの記号は一度しか使えないものとします。

- Aの類　酒は飲んでも飲まれるな。
- Bの類　彼は、東京は神田の生まれです。
- Cの類　懇親会に山田は来たが、富樫は来なかった。
- Dの類　水は百度で沸騰する。
- Eの類　きのうは朝食を取らずに家を出た。
- Fの類　風呂はけさ入ったから、夜はよしておくことにしよう。
- Gの類　雨はもうやみましたよ。

- ア　ぼくはパーティーは行かないよ。
- イ　ご心配をおかけしましたが、体調はだいぶよくなりました。
- ウ　日本は地震の多い国である。
- エ　もう教科書は買ったけど、まだ一ページも目を通していない。
- オ　私は今、フランスはパリに来ています。
- カ　いつぞやは大変お世話になりました。
- キ　弟はうどんは好きだが、そばは嫌いらしい。

一～四のようなことを言うとき、（　　　）の中はどのようになるのが適切でしょうか。最も適切なものを選んで、番号で答えてください。

一　東アジア内陸部の砂漠地帯で発生する黄砂は、特に春になると広範な地域に様々な被害を及ぼしており、近年問題になっている。黄土地帯はその発生源の一つであるが、驚いたことに殷王朝の時代には広く森林に覆われていたという。黄土高原の砂漠化には（　　　）、むしろ戦乱や建設用木材の伐採、燃料とする樹木の乱伐、鉄器時代到来による過剰な開墾といった不合理な土地利用が砂漠化を進行させたと考えられている。すなわち、人為的にもたらされた砂漠化なのである。

1　中国政府の自然環境保護に対する姿勢も関係しているが
2　間氷期を迎えて地球規模で気温が上昇していることが関わっており
3　気候の変化の影響があることも否定できないが
4　長期にわたる自然環境の変化によるものというより

二　陸上競技の大会では、スタートの合図から〇・一秒以内に体が動くと失格となる。これは、人間が音を聞いて体が反応するまでには少なくとも〇・一秒かかるとされているためである。実際に、合図からスタートまでには世界大会レベルでも平均して〇・一四秒を要し、極めて優秀な選手でも〇・一二秒かかるらしい。一方で、（　　　）。つまり、スタートの合図を認識したときには、既に体は動き出しているのである。

1　普段スポーツをしないような人の反応速度は〇・五秒程度だという
2　人間の聴覚はわずか〇・〇三秒で音を認識する
3　科学的根拠に基づいたトレーニングを積み重ねれば〇・一秒の壁は克服可能だと言う人もいる
4　合図を聞いたという感覚を意識するまでには〇・三～〇・五秒かかるという

三

「終活」という言葉が人口に膾炙するようになったが、最近では、とくに「デジタル終活」への関心が高まっているという。もしもの時に、個人情報やアカウント、写真データなどの管理や片づけを、遺族がスムーズにできるようにしておくことである。「デジタル遺品」のなかでも、通帳や定期的に届く郵便物がないネット銀行やネット証券の取引実態を、遺族が把握することは容易ではない。（　　　　　　）。こうしたトラブルを避けるために、パスワード等を含む必要な情報をメモに残すなどして、その保管場所を家族に知らせておくといった準備も求められるだろう。

1　「デジタル終活」を実際に行うときの難しさはここにある
2　取引実態を知るには、ＩＤやパスワードが必要になることもある
3　取引のデータを閲覧するためのＩＤやパスワードが分からないといったことも起こり得る
4　デジタルデータの扱いに不慣れな遺族も多いからである

四

ファミリーレストランなどでロボットを目にすることは珍しくなくなってきたが、介護の現場でも、ロボットが普及し始めている。（　　　　　　）。職員だけでなく、ベッドや洋式トイレから一人で立ち上がる際に抱え上げて上体を起こしてくれ、自動で安全に移動できるロボットなどは、利用者からも、「使ってほしい」との声がやまないという。近年、国や自治体も、介護事業者に補助金を交付するなどして、現場への介護ロボット導入に積極的な姿勢を示している。

1　現場で働く職員も介護ロボットの導入を推進しているようだ
2　力仕事や夜間勤務が多い施設では、職員の腰痛改善や負担軽減につながっている
3　介護ロボット導入については、現場で働く職員には賛否両論がある
4　これは大いに歓迎すべきことだと思う

聞き慣れた言葉でもうっかり間違って使うことがよくあります。一～五の文では、――部分に間違いがありますが、一字だけ直せば正しい言い方となります。その一字を訂正してください。間違っている一字は平仮名・漢字のどちらの場合もありますが、平仮名の間違いは平仮名で、漢字の間違いは漢字で訂正してください。

一　三年ぶりに会った彼女は、すっかり渋皮がぬけて都会的になっていた。

二　絶対の秘密ということは信じられない。人の耳に戸は立てられないからだ。

三　わが国においては、今や軍事力の増強が集眉の急であると考える。

四　現チャンピオンは、前回の防衛戦で挑戦者を完封無きまでに叩きのめしている。

五　うまずたわまず地道に努力を続けることが、成功に結びつくと信じている。

【　】の中の言葉に対して、一～三は意味の最も類似した語（類義語）を、四～六は対照的な意味を表す語（対義語）を選んで、番号で答えてください。

《類義語》

一 【隠士】
［ 1 隠者　2 隠密　3 隠忍　4 隠居 ］

二 【碧落】
［ 1 沈潜　2 紺碧　3 失墜　4 蒼空 ］

三 【消長】
［ 1 存亡　2 進退　3 伸縮　4 盛衰 ］

《対義語》

四 【直諫】
［ 1 諷諫　2 死諫　3 諫止　4 諫言 ］

五 【閑職】
［ 1 栄職　2 有職　3 顕職　4 激職 ］

六 【跋語】
［ 1 識語　2 緒言　3 後序　4 奥付 ］

問9

一～四のようなことを言うとき、（　　）に入る言葉として最も適切なものを選んで、番号で答えてください。

一　今回の文化勲章受章は、先生の学界におけるご功績に（　　）花を添えるものです。

［ **1** 天上　**2** 錦上　**3** 雲上　**4** 献上 ］

二　彼はかっとなると（　　）の火事で、すぐに大声でまくしたてる。

［ **1** 桶屋　**2** 宿屋　**3** 飯屋　**4** 竹屋 ］

三　両者の実力には大きな開きがあり、とうてい（　　）の談ではない。

［ **1** 同衾　**2** 同工　**3** 同日　**4** 同列 ］

四　薬餌に（　　）身でありながら、晩年も彼女の研究意欲は衰えることはなかった。

［ **1** すがる　**2** 親しむ　**3** なじむ　**4** 至る ］

一～四の【　　】の言葉を最も適切に使っているのはどの文でしょうか。それぞれ番号で答えてください。

一【毀損】

1　彼女については、まわりの人間からの毀損は相半ばしている。
2　本年度の決算上の毀損は、十億円に上ることが予想される。
3　安易な廉価販売は、商品のブランドイメージを毀損する恐れがある。

二【惹句】

1　先の句会で詠んだわたしの句が、今回の惹句として選に入った。
2　あんな惹句に踊らされて不要な物を買ってしまうとは、自分で自分が情けない。
3　監督の心を湧き立たせる惹句に、選手たちは奮い立った。

三【二番煎じ】

1　このお茶は、新茶よりも二番煎じのほうが値段は高いらしい。
2　いつまでも君の二番煎じに甘んじているつもりはない。
3　こんな二番煎じの企画しか考えられないのでは話にならない。

四【ものかは】

1　急坂もものかは、蒸気機関車は煙を上げて登っていく。
2　ほとんど諦めていたが、天の助けのものかは、合格することができた。
3　一息つけると思ったものかは、次の攻撃がやってきた。

第2回　問題

問11 一～四の□に入る適切な漢字を**1**・**2**・**3**から、また、全体の意味として適切なものを**ア**・**イ**から選んで答えてください。

一【胡□の夢】

［**1** 蛙　**2** 蝶　**3** 蟬］

ア 現実と夢とが区別できないことの喩え。

イ めったに起こらないことの喩え。

二【□有に帰す】

［**1** 無　**2** 烏　**3** 虚］

ア それまでの努力が無駄になること。

イ 火災で何も残らず焼けてしまうこと。

三 【□水の労をとる】

［ 1 覆　2 濯　3 薪 ］

ア 他人のために炊事など日常の雑事をすること。

イ いったん壊れた人間関係を元に戻すこと。

四 【洛陽の□価を高める】

［ 1 人　2 米　3 紙 ］

ア 著書の売れ行きがよいこと。

イ 人口が増え、町が栄えること。

次の文は、ある保険会社が五十五歳以上の人を対象に、「普段から気を付けていること」を聞いたアンケートの結果を一覧にしたものです。見直してみると、漢字表記についてかなりの誤りがありました。**ア**～**ツ**の——部分の表記が適切である場合には ○ を、適切でない場合には × を解答欄に記入してください。なお、ここでは漢字表記の誤りのみを対象として、送り仮名については対象としません。また、記述内容の真偽や是非についても問題にしません。

ア 部下と良い関係を築くために、物事は尺子定規には進まないと考えるようにしている。

イ 普段から食べ物は大事にしていて、一欠片の余り物も出ないように献立を考えている。

ウ 私の若いころは人を懸散らしても出世するような風潮があったが、今は人との協調を大事にしている。

エ 孫が素っ頓興な格好をしていても、若いうちだけだから、あまりいろいろ言わないようにしている。

オ 医者には五千歩ぐらい毎日歩くように推奨されていて、まあ、努力はしている。

カ それはもう廉直であることを理想としている。理想だけれど。

キ どうしても夫と意見が合わないときは、所栓は他人、と思って腹を立てずに解決することにしている。

ク 健康には気を付けているが頑張りすぎると挫けるので、頑張りすぎないようにしている。

ケ 時代には合わないかもしれないが、剛紀朴訥をモットーにしている。

コ　不満やイライラを抱えるのではなく、楽しいと思えることをやって残りの人生を謳過したい。

サ　心身が疲弊したときは、しっかり休むと決めて実践している。

シ　睡眠と食事をしっかりとることがパフォーマンスを発揮できる元だと考えて気を付けている。

ス　感謝の気持ちはきちんと口に出すことにしている。気持ちは自分にも跳ね帰ってくる。

セ　人と比べない、ないことに嘆息しないで、あることに感謝するようにしている。

ソ　部下には完璧を希するのではなく、やりがいを感じられるような仕事の仕方を求めることにしている。

タ　退職して二か月、外に出ることが億劫ではあるけれど、なるべく閉じこもらないようにしている。

チ　あたりまえだけど、生半な気持ちで重要な仕事に当たらないこと。

ツ　失敗しても責任を転化することのないように気を付けている。

漢字**「起」**は、「起～」「～起」のような漢語の熟語の形をとると、「起きる」という意味をはじめ、いくつかの意味を表すことができます。**ア**～**キ**の文の（　　）に入る漢字として最も適切なものを**1**～**12**から選ぶとともに、その熟語が「起～」となる場合は**A**を、「～起」となる場合は**B**を選んで記入してください。なお、同じ番号は一回しか使えないこととします。

ア　三年後の開通を目指して、昨日（　）式が行われました。

イ　この論文を公にすることで、世論を（　）したいと思っている。

ウ　住職が、この寺の（　）について詳しく説明してくれた。

エ　思わぬ成り行きに（　）になって反論したが、議長の裁定は覆らなかった。

オ　三十年以上（　）を共にしてきた連れ合いを亡くして、悲しみに沈んでいる。

カ　この時の大臣の答弁が、新たな問題を（　）することになった。

キ　振り返ってみれば、（　）の多い人生でした。

1 因	**2** 縁	**3** 躍	**4** 蜂	**5** 惹	**6** 居
7 工	**8** 伏	**9** 想	**10** 喚	**11** 発	**12** 動

一～四の【　　】の熟語と、熟語を構成する個々の要素の意味的関係が同じのものを選んで、番号で答えてください。

一【険悪】

［1 悪心　2 冒険　3 改悪　4 峻険］

二【禽獣】

［1 家畜　2 凶賊　3 落胤　4 棟梁］

三【不審火】

［1 未発達　2 不穏当　3 非戦論　4 無理解］

四【往事茫々】

［1 一衣帯水　2 二重人格　3 三位一体　4 四分五裂］

第2回　問題

問15

一～四について、【　】に掲げた漢字が使われている――部分の読み方を、**平仮名**で解答欄に記してください。

一【漫】

ア　フランス映画を見ていたら、漫ろに故郷を思い出した。

イ　そうやって君が私を漫罵するのを放っておくわけにはいかない。

二【旋】

ア　伯父の来訪後、父はすっかり旋毛を曲げてしまった。

イ　彼は落語界の大御所として高座に上がるかたわら、若手に仕事の斡旋も行った。

三【睨】

ア　一度あの部長に睨まれたら出世の道は閉ざされるぞ。

イ　かの武将は天下を睥睨しつつも、業半ばにして倒れた。

四【潰】

ア　私の家は、祖父が無謀な事業に乗り出したことで家産が潰えてしまった。

イ　弟は潰瘍ができやすい体質らしい。

問16

一～四それぞれの□に入る適切な漢字一字を、**楷書**で書いてください。また、その言葉を適切に用いているほうの文を選んで、番号で答えてください。

一【□光朝露】

1 □光朝露の早技で二人の敵を倒す。

2 □光朝露の虚しさを悟り、仏門に入る。

二【鼓□撃壌】

1 彼の治世下の三十年は平穏無事な鼓□撃壌の時代だったと懐かしむ人が多い。

2 この青年が、後に、戦乱が続く鼓□撃壌の世に終止符を打つことになる。

三【老□不定】

1 彼女の小説の読者層は幅広く、老□不定の作家と言ってよい。

2 老□不定とは言うが、まさか子どもに先立たれるとは。

四【昼夜□行】

1 昨日から昼夜□行で取り組んで、何とか納期に間に合った。

2 この店はこれまでは夜だけだったが、来月から昼夜□行になるそうだ。

一～四それぞれの文章で述べられていることと合致する文として、最も適切なものは1～4のどれでしょうか。番号で答えてください。

一

ラスコーやアルタミラの洞窟壁画では、牛や馬などの動物がリアルに描かれているのに対して、人間は、鳥のような顔で粗雑に描かれているだけである。縄文時代の土偶も、目鼻などがはっきりしなかったり、宇宙人かと思われるようにデフォルメされていたりする。こうした現象は何を意味するのか。水面に自分の顔を映したナルシスがその美しい顔に恋するあまり水死したという神話があるように、人間が人間を描くことはタブーだったという考え方もあるが、自分というものを視覚的に対象化できなかったことを示しているという説が有力である。もう一つ、人間は自分が自然から切り離されることに恐怖や不安を覚えたという考え方にも説得力がある。このことを裏付けるように、伝説や民話、童話では、人間と自由に話し合える動植物が多く出てくる。人間と動植物との生き生きとした交感が描かれている中には、人間がもう鳥や獣のように自然のままに生きていくことができないという悲哀や不安が垣間見えるように思われる。

1 人間は当初、自分というものを視覚的に対象化できなかったために、自分を自然と区別することに恐怖や不安を感じていた。
2 人間が自分の顔をリアルに描けなかったのは、自分を対象化できず、自分を自然から切り離して扱うことが困難だったからである。
3 人間が人間を描くことはタブーであったわけではなく、人間は自分を視覚化できなかったために、自分を粗雑に描くしかなかった。
4 人間と自然が一体化していないことに対して、人間は悲哀や不安を抱いていたことが、洞窟壁画からは垣間見られる。

二

パソコンやスマホ、家電製品から自動車まで、あらゆる電子製品に欠かせない半導体は、人々の生活になくてはならないものである。人工知能や自動運転などの次世代産業ではより微小な半導体の開発が急がれているし、兵器の性能やサイバー戦争においても半導体が鍵をにぎるという。かつて世界のトップレベルにあった日本の半導体産業は、この間、諸外国に大きく後れを取ってしまい立て直しを余儀なくされている。半導体の重要性は増すばかりで、昨今の国際情勢を見ても、米中対立の根幹にあるのは台湾を巻き込んだ半導体を巡る争いであるし、ロシアは経済制裁の網をかいくぐって、輸入した家電製品から不足している半導体を抽出して武器に転用しているようだ。今や、半導体を制する者が世界を制すると言っても過言ではないだろう。

1 電気・自動車産業を初めとする産業の競争力を維持するためには、より微小な半導体の開発が急務である。
2 日本も遅ればせながら、半導体の生産と開発に力を入れている。
3 アメリカと中国の対立は、半導体を巡る争いを抜きにしては語れない。
4 半導体はとりわけその軍事利用の面で、どの国にとっても重要である。

三

プライバシーの権利とは個人の私生活を守るもので、一九世紀末に「一人で放っておいてもらう権利」として提唱された。こうした権利の発生は住宅に個室があることと密接な関係にあり、粗末な住まいに家族や知人が共同で住む状況では、思いつかない権利だったろう。逆に言えば、自己のアイデンティティや自分らしさに悩んだり、ひきこもりになったりするのも、他者と切り離された部屋があることが前提となっているのだ。そのプライバシーは、今日の情報化社会では、「個人情報の保護」という要素が強くなってきた。守られるべきは、個人をとりまく私生活である以上に、個人の手から離れた情報システムへと力点が移ってきている。そして、そのシステムは自分でもよくわからない場所、クラウド（＝雲）の中にあり、そのことに人々は漠然とした不安を抱くようになる。現在騒がれているマイナンバー制度導入に対する不安も、そうした背景があるからで、単に技術的な問題だけで解決できるものではないだろう。

1 プライバシーの権利は「個人情報の保護」という要素が強くなってきて、人々は自分を守るべき情報システムについて不安を抱いている。
2 住宅に個室があることによって、プライバシー権は生まれたが、現在では、人々は自分のプライバシーに対して漠然とした不安を抱くようになった。
3 自己のアイデンティティや自分らしさに悩んだり、ひきこもりになったりすることを防ぐために、個人情報の保護が叫ばれるようになった。
4 守られるべきプライバシーが私生活から情報システムへと移ってきたため、「一人で放っておいてもらう権利」は意味を失いつつある。

四

小学生のいる家庭では、「小一の壁」に続いて、「小四の壁」も問題となっている。「小一の壁」は、公立の学童保育に定員があるため、入れなかった子どもの放課後の居場所がなくなり、結果として仕事を辞めざるをえないという、保護者とくに母親たちの働き方に関わる面が大きかった。一方「小四の壁」は、学童待機児童が最も多い学年という「居場所の問題」に加えて、勉強についていけなかったり友人との人間関係に悩んだりして、不安や劣等感を抱きがちだという、九〜十歳の子どもの発達段階に応じて生じる問題も関わる。政府も二〇二三年に「こども家庭庁」を新設し、重要政策の一つに「こどもの居場所づくり」を上げているから、改善の必要性は認識しているようだ。とはいえ、保護者が、適度な距離感をもって子どもを見守りながら、子どもが本当に困った時や辛い時に、悩みを打ち明けられるような関係を築いておくことも必要だろう。

1 子どもの居場所が確保されれば、「小一の壁」も「小四の壁」も大きな「壁」とはならず、乗り越えられるはずだ。
2 「小一の壁」も「小四の壁」も、共働き家庭やひとり親家庭の厳しい現実に関わる面が強い。
3 「小一の壁」は、主として学童保育の量の問題で、保護者が解決の鍵を握るが、「小四の壁」は、保護者が解決できることは限られている。
4 「小一の壁」も「小四の壁」も、それに立ち向かおうとする保護者の努力がなければ解消しない。

次の文章は、会社役員のAさんが書いた社内報の記事です。この文章について後の質問に答えてください。

朝の連続テレビドラマが、社内の休憩時間の四方山話などでよく取り上げられる。物語の感想や俳優の（　**ア**　）に始まり、撮影場所はどこだ、衣装が何だなど、話題は尽きない。私は大阪生まれなので、関西が舞台になった作品では、役者たちの言葉遣いが気になる。関西出身ではない俳優のぎごちない台詞回しやアクセントは聞き過ごせず、内容が入ってこない時がある。かと思うと、ほぼ完璧に使いこなしている人もいて、これはこれでうれしくなる。この朝のドラマが人気を博しているのは、物語の面白さもさることながら、日本各地に息づく方言の魅力が話に彩りを添え、作品全体の付加価値を上げているからではないかとさえ考えることがある。

イそれは、失われゆく方言の暖かさへの郷愁や、忘れられつつある言葉への懐かしさの表れでもあると言えようか。人形浄瑠璃の人間国宝、竹本住大夫さんが生前のインタビューでおっしゃっていたが、昔ながらの上品な味わいのある大阪の言葉は、すっかり影を潜めてしまった。確かに今の大阪で「あります」を「おま（す）」「おまっせ」などと言う人にはほとんど出会わなくなった。［**A**］［**B**］［**C**］そんな思いがしなくもないのである。

しかし、歴史的に見るならば、方言は当初から消滅ないし減衰していく趨勢にあったと言わねばならない。なぜなら明治政府が、文明開化推進のために、方言は**ウ**陋習にほかならず、何としても克服すべきものだと考え、排除に乗り出したからである。近代国家としての日本を実現するためには、言語を標準語に一本化することが不可欠であり、方言がいつまでも蔓延って互いの意思疎通が不如意である、といった状況から脱せられないでいるのは「文明国の恥」と考えた。各地の学校教育で方言匡正の授業が行われ、標準語以外の言葉を話すことが罪や恥であるという意識が人々の中に植え付けられていった。

民藝運動の一環で沖縄の織物を調査するために渡島した柳宗悦は、県当局が沖縄方言撲滅の教育を展開している現状を知り、反対の論陣を張った。沖縄の言葉は日本の古代語を多く残す貴重な文化遺産であり、人々の自然な生活言語を**エ**ためようとする発想自体が誤ったものだと主張したが、結局彼は警察に一時拘留され、取り調べを受ける憂き目に遭う。この時、意外なことに、柳に対し沖縄の人々からも非難する意見が出されたそうである（柳宗悦「四十年の回想」一九五九年）。今から（　**オ**　）八十年ほど前の話である。その当時からすでに方言を排除すべきだとする風潮が横溢していたのである。

その結果、今では標準語が全国的に普及し、明治時代の人が困惑したような言語的障壁は完全に取り払われた。夾雑物としての方言は消え去り、明治政府の所期の目的は成就されたのである。しかして、その代償は大きかった。伝達は迅速になったものの、どうしても必要最小限の情報交換になり、われわれにとって貴重だった温もりのある言葉と心のやりとりは、ややもすれば生硬で無機質なものになってしまった。しかし、方言こそが、同じ空間を共有する人々にとって最も的確で切実な表現であり、その土地に古くから根差すかけがえのない文化だった。地域や家庭における信頼関係や人情の深まりも、同じ方言を共有できたからこそ可能であった。われわれが方言の（　**カ**　）の価値に気づくには、あまりにも長い時間がかかってしまったのである。

一　アに入る言葉として最も適切なものは次のどれでしょうか。番号で答えてください。

［1 晦渋　2 月旦　3 朔望　4 日乗］

二　イのさす内容として最も適切なものは次のどれでしょうか。番号で答えてください。

［1 朝のドラマが人気を博していること　2 ドラマの中で用いられる方言の魅力
3 方言が作品に与える付加価値の多寡　4 物語の構成がよく練られていること］

三　空欄A・B・Cには、次のa〜cの文をどの順番で入れるのが最も適切でしょうか。番号で答えてください。

a　何百年、何千年とかけて各地域で形成された無形文化である方言が、はかなく消えつつある現状を悲しむ深層心理が働いて、方言ドラマが歓迎されているのではあるまいか。

b　かくて言語が忘れられていくということは、そこに込められた郷土の心を失うことであり、古くから培われた豊かな文化や価値観が消滅していくことと同断である。

c　沖縄の方言、いわゆるウチナーグチも、最近の調査では十代の若者で「よく理解できる」と答えたのは一％以下であり、ついにユネスコの消滅危惧言語に指定されてしまった。

［1 abc　2 acb　3 bac　4 bca　5 cab　6 cba］

四　ウ「陋習」の読み方を平仮名で書いてください。

五　エ「夕（めよう）」を楷書の漢字で書いてください。

六　オとカに入る言葉として最も適切なものはそれぞれ次のどれでしょうか。番号で答えてください。

［1 無下　2 無辜　3 無償　4 無上　5 無想　6 無慮］

七　この文章の内容に合致するものとして最も適切なものは次のどれでしょうか。番号で答えてください。

［1 朝のテレビドラマで俳優の演技がぎごちないものになるのも、方言が失われていることの顕著な証左である。
2 地域で共有される方言には独自の温かさや奥深さがあったが、標準語ではややもすれば味気ないやりとりになる。
3 日本の方言が縮減した原因は、国民の意思に反し、言語生活を強制的に抑圧した明治政府の言語政策による。
4 柳宗悦は、沖縄県の方言排斥政策を近代国家として恥ずべきものだと糾弾し、沖縄の人々に支持された。］

答案用紙

日本語検定

令和5（2023）年度　第2回

1級

注 意

1. 下の「受検者番号シール貼り付け欄」に、受検番号と氏名が書いてある受検者番号シールを貼り付けてください。
2. 答案用紙は裏面まで続いていますので、注意してください。
3. 読みやすい字で、枠からはみ出さないように記入してください。
4. 間違えたところは、消しゴムを使用して、きれいに消してから記入してください。

受検者番号シール貼り付け欄

受検者番号シールを
貼ってください。

特定非営利活動法人
日本語検定委員会

第2回　答案用紙

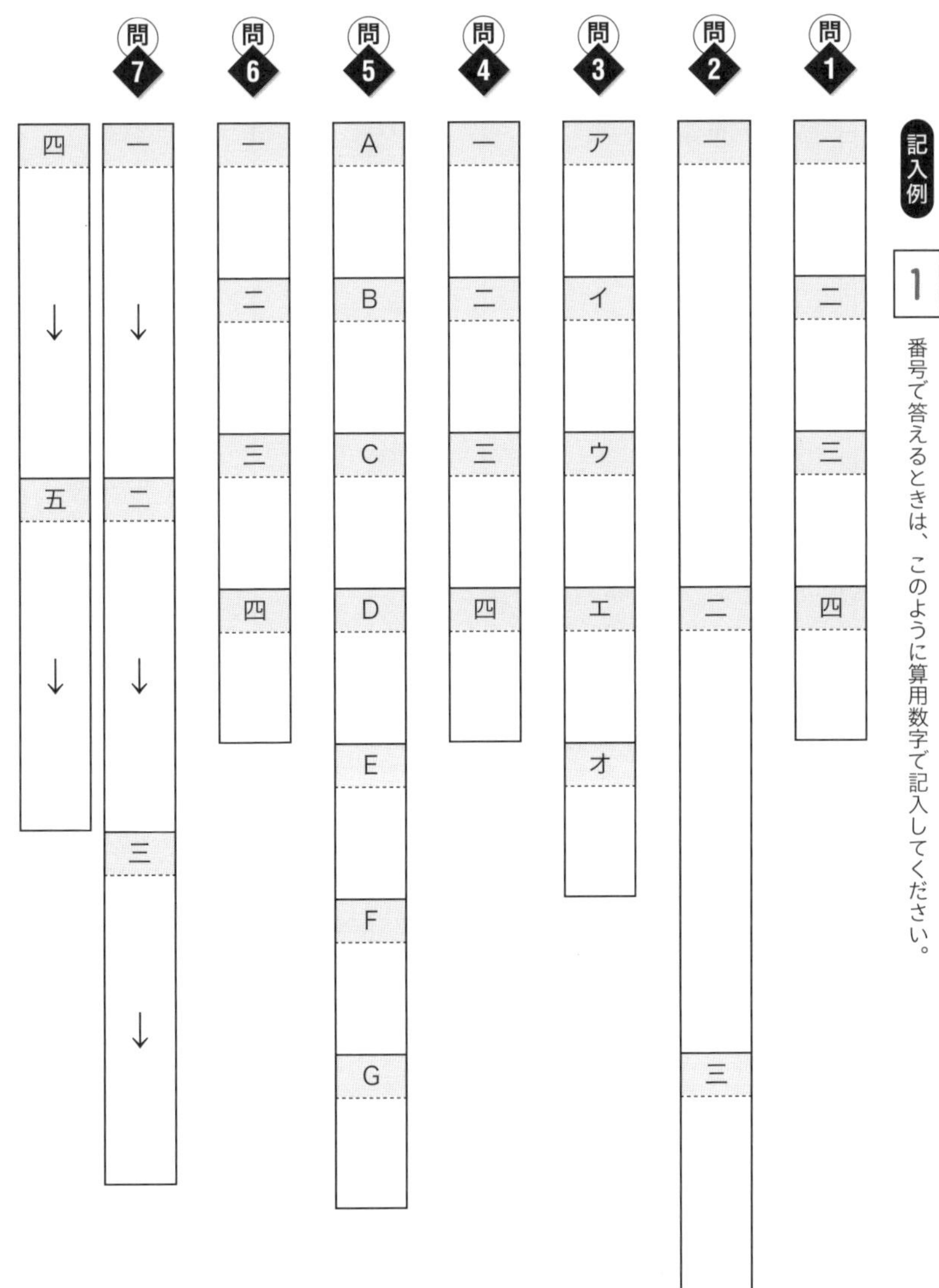
記入例
1
番号で答えるときは、このように算用数字で記入してください。
問1
一
二
三
四
問2
一
二
三
問3
ア
イ
ウ
エ
オ
問4
一
二
三
四
問5
A
B
C
D
E
F
G
問6
一
二
三
四
問7
一
↓
二
↓
三
↓
四
↓
五
↓

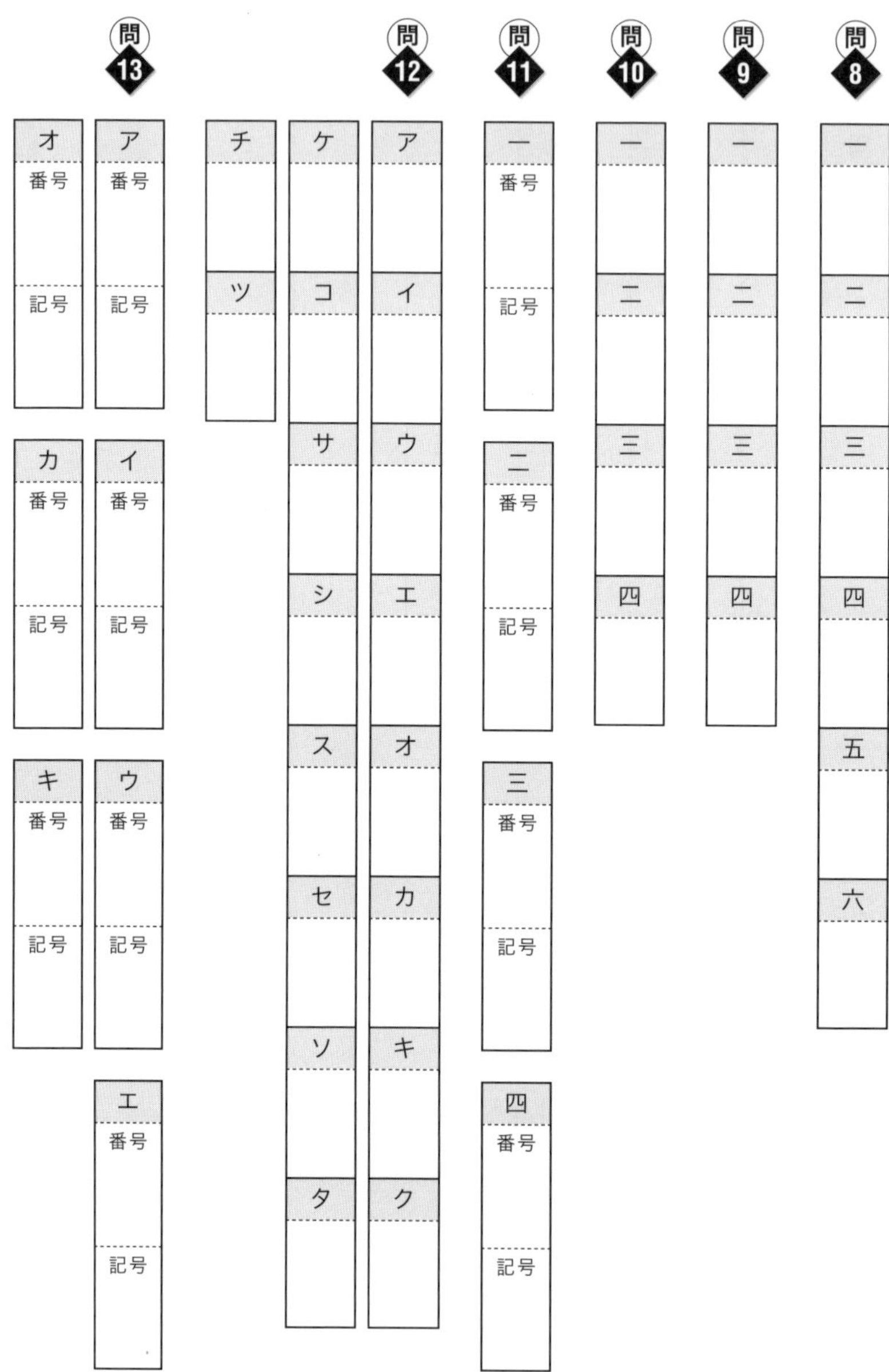

問8
一
二
三
四
五
六
問9
一
二
三
四
問10
一
二
三
四
問11
一 番号 記号
二 番号 記号
三 番号 記号
四 番号 記号
問12
ア
イ
ウ
エ
オ
カ
キ
ク
ケ
コ
サ
シ
ス
セ
ソ
タ
チ
ツ
問13
ア 番号 記号
イ 番号 記号
ウ 番号 記号
エ 番号 記号
オ 番号 記号
カ 番号 記号
キ 番号 記号

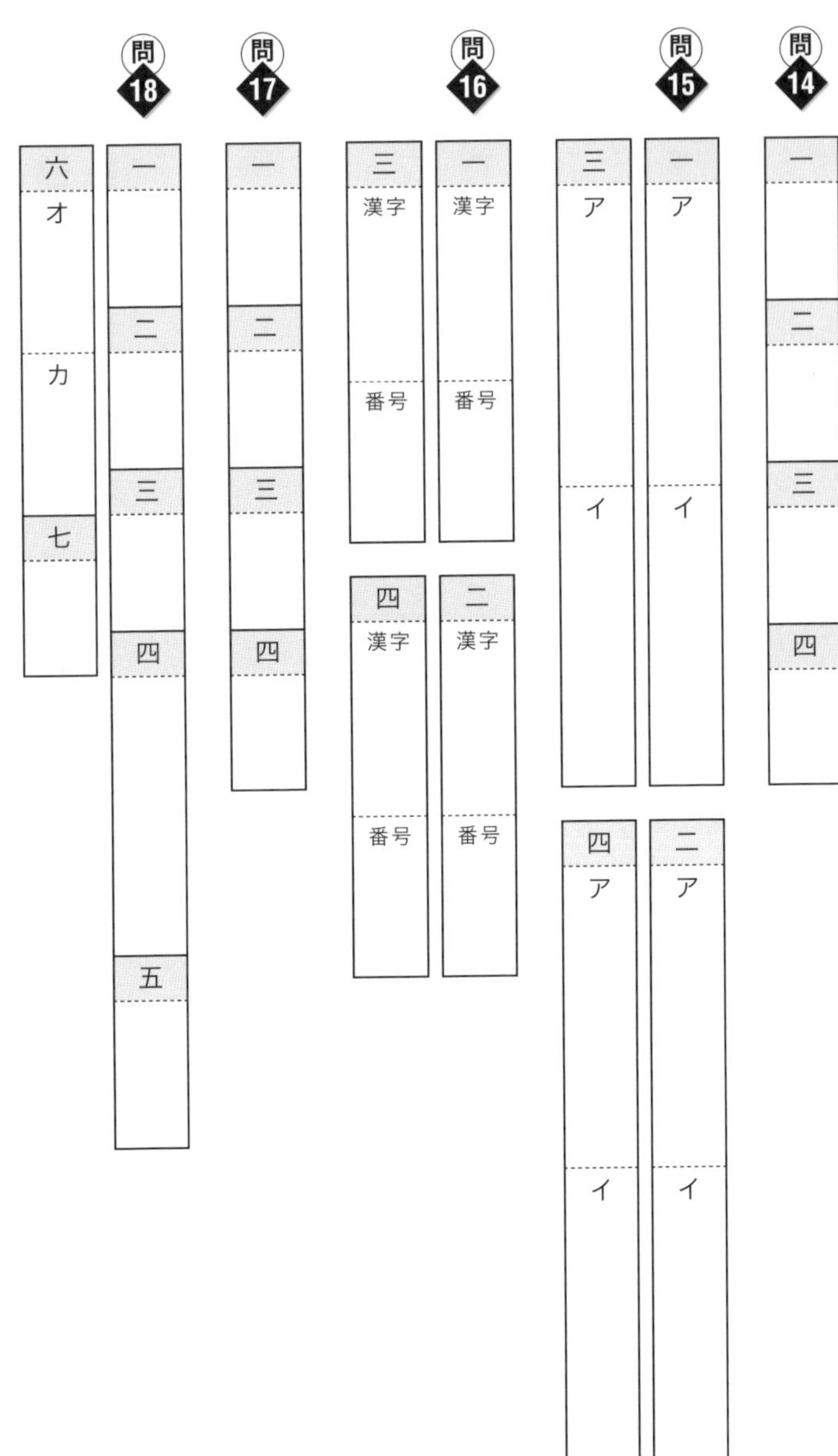

問14
一
二
三
四
問15
一
ア
イ
二
ア
イ
三
ア
イ
四
ア
イ
問16
一
漢字
番号
二
漢字
番号
三
漢字
番号
四
漢字
番号
問17
一
二
三
四
問18
一
二
三
四
五
六
オ
カ
七

第2回 答案用紙

問1　［敬語］

解答　一…1　二…4　三…4　四…4

解答のポイント　使用場面や上下関係などに配慮した、適切な敬語の用法を問う問題である。尊敬表現と謙譲表現の混同や、その言い方が相手にどのような印象を与えるかといったことにも注意したい。

一　共同プロジェクトに関わっている他部署の課長に、プロジェクトを担当する部下を紹介する際には、1「今回の共同プロジェクト担当メンバーの（遠山君）」が、事実を述べる簡潔な言い方で適切。2は「〜てもらう」が、話し手である企画部の課長が部下から恩恵を受ける意を含む言い方で、また、「ことにした」が、話し手側の決定を一方的に相手に伝えるような言い方で、不適切。3も「〜してくれる」が、2と同じく部下から恩恵を受ける意を含む言い方で、不適切。4は、使役に「ていただく」をつけた形にしているが、聞き手に許可を求めることではないので不適切。さらに「ことになった」も自分の関与しないところで決められたことのように受け取られかねない言い方で、不適切。

二　かかってきた電話で先方の用件を聞いた後で、こちらの用件を切り出す場面である。このような時に相手に対して申し訳なく感じていることを表す常套的な言い方として、4「いただいたお電話で恐縮ですが」が適切。1・2・3はいずれも、相手からかかってきた電話でこちらの用件を話すことを申し訳なく感じていることを表していないので、不適切。

三　支払いに際して、セルフレジでは現金決済ができないことを知らせる注意書きの文言である。4の「現金ではお支払いになれません」が、客の行為に尊敬表現「お支払いになる」の可能形を用いていていて、適切。1は、「ございません」と「現金での（支払いの）取り扱い（業務）」をしていないことを言っているが、客への敬意を欠いた言い方で、不適切。2は、「精算する」という言葉を用いるのは場違いであるし、1と同様客への敬意を欠いた言い方で、不適切。3は、「〜となります」が、客に一方的に制限を伝える不遜な表現で、不適切。

四 レストランの予約をした客との電話でのやり取りである。予約内容を確認し、確かに予約を受けたことを伝える言い方として、4の「中村様のお名前でご予約を承ります」が簡潔で、適切。1と2の、「予約を取る」および「席を取る」は、利用者が予約する意の表現で、予約を受ける側の行為として用いるのは不適切。3は、「賜る」を用いて丁寧に言っているが、「予約をもらう」とは言わないので不適切。

問2 【敬語】

解答 一…いただけます　二…作りして差し上げ　三…一存

解答のポイント 使用場面や立場の上下関係などを考え、指示された条件に従って、適切な言い方を考える問題である。

一 「いただけますよう」とするのが適切。知らせを出している本人が相手から返信をいただくことができる、ということを表す。このような場面で、「いただきますよう」を使う誤用が増えているが、これでは恩恵が示されない。また、通知した相手がほかの誰か（第三者）から返信してもらうという意味になってしまう。

二　「お作りして差し上げなさい」とするのが適切。立場が上の人に対する自分側の行為を表すには、謙譲表現を適切に用いなければならない。「作って差し上げなさい」としてもよいが、――線の条件に合わない。

三　その人の個人的な判断の意を表す「一存」が適切。「一存では」は、後に「決められない」や「判断できない」などの否定表現を伴ってよく使われる。

【敬語】

解答　ア…2　イ…2　ウ…4　エ…1　オ…3

解答のポイント　**ホテルでの長寿祝いを依頼した客と担当者とのオンラインでの打ち合わせの場面である。長寿祝いの席であることも念頭において、相手に信頼される丁寧な言葉選びに注意したい。**

ア　営業担当者から話を聞いていることを伝える場面である。問題文の「お話を賜った」は「偉い人からありがたい話を聞いた」、あるいは「良い話（仕事）をもらった」ような場合に用いるので、この場面では不適切。２「伺った」が、「聞く」の謙譲語「伺う」を用いていて適切。３は、謙譲語「伺う」を丁寧な謙譲表現「お～申し上げる」の形にして用いており、不適切。４「（先に）お話しさせていただいた」は、商談のあとの連絡に用いられる表現だが、この場面では客からの要望に応えてプランを作成しているので、文脈に合わず不適切。

イ　送ったプランを、相手が受け取って見たかどうかを聞く場面である。問題文は、自分の作品などを立場が上の人に見てもらうときの挨拶表現である「ご笑覧ください」を用いており、不適切。２「ご検討いただけましたでしょうか」が、遠回しに確認したかどうかを聞く表現で、適切。３「お手元に届いていらっしゃいますでしょうか」は、尊敬語「いらっしゃる」が送ったプランに対する敬意を表すことになるので、不適切。４「ご確認なさいましたでしょうか」は、尊敬表現「ご～なさる」を用いているが、相手が確認したことを直接的に聞くことで確認を急かしているように伝わるので、この場面では不適切。

ウ　相手が最も心配していることに言及する場面である。問題文は、謙譲語「ご心配する」に「おられる」を伴った形式で、不適切。４「心配なさっていらっしゃる」が、尊敬語「心配なさる」と「いらっしゃる」を用いた丁寧な言い方で、適切。２は、謙譲語「ご懸念する」に「～ている」の尊敬語「～ておいでになる」を付けており、不適切。３は、「よくないことに対して強く心配する」という意を表す「憂慮する」を用いており、この文脈では不適切。

エ　ホテルの料理長が高齢の人向きの料理の開発に携わってきたことを丁重に言っている、問題文の「携わってまいりました」が適切。２「一家言持っている」はひとかどの見識を持っていること、３の「貢献している」は力を尽くして寄与していることで、共に料理長の功績を強調しているように伝わるので、この文脈では、不適切。４は、「携わってございます」の「ございます」が「ある」の丁寧な言い方で「いる」の丁寧な言い方ではないので、不適切。

オ　祝い事の席では「終わる」が忌み言葉となるため、問題文の「お仕舞い」や２の「終了」を用いるのは、不適切。３「お開きとさせていただきます」が、「お開き」を用いていて、適切。また、２

第2回　解答と解説

の「とどこおりなく」は、実際に終わった後で用いる言葉でこの場面では不適切。４の「幕引き」は、幕を引いて芝居を終えること、転じて物事の終わりを意味し、長寿の祝いの席にはふさわしくないため、不適切。

問４ 【敬語】

解答 一…２　二…３　三…３　四…２

解答のポイント **手紙文や改まった挨拶などに特有の、文脈に合った適切な語を選ぶ問題である。多く、場面や状況に応じた常套的な語句が用いられる点に注意したい。**

一　２「繁簡」がこみいっていることと簡略であることを表し、「〜よろしきを得ない」の形で文章の書き方がよくないことを謙遜して言う際に用いられるので、適切。１「簡素」は、簡単で質素なこと。３「等閑」は、だいじに考えないでいいかげんに扱うこと。４「繁閑」は、忙しいことと暇なこと。これらはいずれも、「〜よろしきを得ない」という形で使うことはない。

二　３「驥尾（きび）」は、駿馬の後ろのこと。「驥尾に付す」が、先達を見習って行動することを謙遜して言うのに用いられる表現で、これが適切。１「掉尾」は、文章などの終わりのこと。２「機微」は、人の心や人間関係などの奥に潜む微妙な動き。４「荼毘」は火葬の意で、「荼毘に付す」は火葬にすること。

三　３「頓首」が、「謹啓」などで始まる改まった手紙で相手に敬意を表す結語として、適切。１「不一」は、十分に意を尽くさないという意味を表し、「前略」などで始まる手紙の結語。２「拝礼」は、神仏を拝むこと。４「伏拝」は、ひれ伏して拝むこと。

四 死亡の知らせの意である、２「訃音」が適切。「訃音に接する」という形で用いることが多い。ほかの選択肢が「接する」と結びついて用いられることは一般的にない。３「死去」、４「昇天」は、死ぬことは意味するものの、他人の死を表すために必ずしも意味しない。１「不運」は、死ぬことを必ずしも意味しない。

問５ [文法]

解答 A…エ　B…オ　C…キ　D…ウ　E…カ　F…ア　G…イ

解答のポイント 副助詞の「は」の用法を取り上げた。

Aは、「酒を飲む」というような、「aをbする」という関係を意味的に含んだ使い方である。

Bは、「は」の前後に全体と部分を表すことばが入る使い方である。

Cは、二つの物事を「は」で取り上げて対比する使い方である。ここでは山田と富樫の行動を対比している。

Dは、ある物事の恒常的な属性を表す使い方である。

Eは、時を表す副詞のあとに「は」が用いられる使い方である。

Fは、「風呂に（へ）入る」というように、「に」ないし「へ」の関係で名詞と動詞が関係するタイプの使い方であり、その意味は「風呂には」というように「には」の形をとるほうが明確に表される。

第２回　解答と解説

Gは、すでに話し手と聞き手の間で共有の話題となっている事柄があり、それについて「は」以下で言う使い方である。ここでは、雨が降っていたということが共有されている

ア　「パーティーには」と言いかえられる。Fと同じ意味・用法である。

イ　話し手の体調がすぐれなかったことが話題となっている。Gと同じ意味・用法である。

ウ　日本の属性を説明しているもの。Dと同じ意味・用法である。

エ　「教科書を買う」という関係を含んだもの。Aと同じ意味・用法である。

オ　「フランス」が全体、「パリ」が部分という関係であり、Bと同じ意味・用法である。

カ　「いつぞや」という時を表す副詞に「は」がついたもの。Eと同じ意味・用法である。

キ　「うどん」と「そば」を対比しているもの。Cと同じ意味・用法である。

問6 ［文法］

解答　一…3　二…4　三…3　四…2

解答のポイント　社会的事象などについて言及した小文中の、文中表現や文末表現を問う問題である。文と文の関係などに留意して、書き手の意図を的確につかむことが求められる。

一　黄土高原の砂漠化が何によってもたらされたかを述べた文である。（　　）の後ろに、「むしろ」とあることから、（　　）の内容と比較して、「むしろ」以降で書かれている人為的なことが原因で

あると述べていることが分かる。したがって、人為的でない自然による要因を挙げている、3が適切。1は「むしろ」以降と同様に人為的な要因を述べており、不適切。「むしろ」の前段は「が」「だが」など逆接の接続語を伴っていなければならないが、2はそうなっておらず、順接で逆の内容を述べており、不適切。4は「砂漠化には」に呼応する述語が（　　）の中になく、「進行させた」につながって文がねじれてしまっており、不適切。

二　人間が音を聞いてから反応するまでにどの程度の時間を要するのかについて述べた文章である。（　　）を含む文の前の文では、音を聞いた人間の身体が反応を起こすまでの所要時間を述べており、後の文では「つまり」と要約する形で「認識」よりも身体の反応が早いことを述べている。「一方で」とあることからも（　　）には「認識」についての記述が含まれることがわかる。したがって、「意識するまでには〇・三〜〇・五秒かかる」とする、4が適切。1と3は、身体の反応についてしか述べておらず、後文の内容につながらないため、いずれも不適切。また2は、「〇・〇三秒で音を認識する」のでは身体の反応よりも早いことになってしまうため、後文と矛盾するので不適切。

三　（　　）に続く文が、「こうしたトラブルを避けるために」で始まっていること、（　　）より前の文ではトラブルに触れていないことから、トラブルを具体的に示している、3が適切。1・2・4はいずれもトラブルそのものについて述べていないので、不適切。

四　（　　）に続く文は、「職員だけでなく」で始まり、介護利用者の側にもロボットを使うメリットがあり、ロボット使用を望む声が多いことを述べている。したがって、（　　）には、職員の側のロボット使用のメリットを述べた、2が適切。1は、現場の職員が介護ロボットを「導入」したり、それを「推進」したりするわけではないので、不適切、3は、続く文の「職員だけでなく……利用者

第2回　解答と解説

からも……声がやまない」という文の内容と矛盾するので、不適切。４は、職員の側の事情に触れておらず、むしろこの文章の最後に述べられるべきことなので、不適切。

問7 【語彙】

解答 一…ぬ➡む　二…耳➡口　三…集➡焦　四…封➡膚　五…わ➡ゆ

解答のポイント **話し言葉でもしばしば使用される慣用句について、正確な知識を問う問題である。特に、耳で聞いただけで覚えた慣用句の中には、誤った形のまま使っているものがある可能性もある。正しい形を辞書で確認し、適切に使用するようにしたい。**

一 容貌があか抜けするなどして洗練された感じになることを、「渋皮がむける」と言う。

二 うわさや風評はすぐに世間に広まるもので、それを防ぐ手立てはないということのたとえで、「人の口に戸は立てられない」と言う。

三 事態が切迫して一刻の猶予もならないことを、「焦眉の急」という。「焦眉」は、眉毛を焦がすほど火が迫っているという意。

四 （無傷のところがないほど）相手を徹底的に痛めつける様子を表す言い方として、「完膚無きまでに」がある。

五 こうしようと思ったことを辛抱強くやり続ける様子を表す言い方として、「う（倦）まずたゆ（弛）まず」がある。「うまず」は飽きない様子、「たゆまず」は怠けない様子。

問8 [語彙]

解答 一…1　二…4　三…4　四…1　五…4　六…2

解答のポイント 類義語と対義語について問う問題である。個々の語の意味・用法をよく考えて、適切なものを選ぶようにしたい。

一 「隠士」は、1「隠者」の文章語で、俗世間とのかかわりを断って山奥などに隠れ住む人をいう。2の「隠密」は、ひそかに事を行うこと、また、南北朝時代から江戸時代にかけての幕府や諸藩の密偵を指した。3「隠忍」は、我慢しにくいところをじっと我慢すること。4「隠居」は、職業とする仕事や与えられた職務を後継者に譲るなどして、気ままに暮らすことや、そのような状態の人をいう。

二 「碧落」は、「青空」の意。4「蒼空」が類義語。1「沈潜」は、心を落ち着けて深く考えること、また、深く没入すること。2「紺碧」は、黒みを帯びた紺色のこと。3「失墜」は、信用・権威などをなくすこと。

三 「消長」は、勢いが盛んになったり衰えたりすることで、「国運の消長」のように用いる。4「盛衰」が類義語。1「存亡」は、国家などの組織体が危機的な状況にあるなどして、存続できるか滅んでしまうかということ。2「進退」は、進むことと退くことの意で、その身の処置を決定することも表す。3「伸縮」は、のびたりちぢんだりすること。

四 「直諫」は、直接的に相手を諫めること。1「諷諫」が、それとなく遠回しに諫めることを表し、対義語。2「死諫」は、死ぬことによって主君などの非を諫めること。3「諫止」は、諫めて、ある行為を思いとどまらせること。４「諫言」は、人を諫めること、また、その言葉。

五　「閑職」は、その組織の中であまり重視されておらず、どちらかといえば暇な職務。休む暇もないほど忙しい重要な職務をいう、４「激職」が対義語。１「栄職」は、社会的に高いと評価される地位や役職。２「有職（ゆうそく）」は、朝廷や武家の制度・慣習や行事の慣行などに通じていること、また、そのような人を指す。３「顕職」は、高い地位の官職。

六　「跋語」は、書物の後書きのことで、前書きを表す、２「緒言」が対義語。１「識語」は、写本などにその本の来歴や書写の日付、書記者などを記したもの。３「後序」は、書物の後書きで、「跋語」の類義語。４「奥付」は、書籍末尾の著者名・発行者・発行日などを記した部分。

問9　［言葉の意味］

解答　一…２　二…４　三…３　四…２

解答のポイント　文脈に合った適切な語を選ぶ問題である。この種の語には、常套的・慣用的に結び付きの決まっているものもあることに注意したい

一　「錦上花を添える」は、美しい錦の織物の上に花を飾る意から、既に立派だと認められているものにさらに立派なことを加えることを表す。２が適切。他の選択肢の語が、「～花を添える」の形で同様の意味を表すことはない。

二　怒りで我を忘れて、大声でぽんぽんと激しく言う様子を、「竹屋の火事」という。４が適切。他の選択肢の語が、「～の火事」の形で同様の意味を表すことはない。

三　全く比べものにならないので同じように扱うわけにはいかない、という意味で「同日の談ではない」という表現を用いる。3が適切。他の選択肢の語が、「～の談」の形で同様の意味を表すことはない。

四　「薬餌」は、病人に必要な薬と体によい食べ物の意。「薬餌に親しむ」は、病気がちで医者にかかることが多く、常時、薬を服用する状態を表し、2が適切。「薬餌に」が、他の選択肢の語と結び付いて同様の意味を表すことは一般にない。

【言葉の意味】

解答　一…3　二…2　三…3　四…1

解答のポイント　日常の口語表現ではあまり用いられなくなったが、文章表現の世界では、現在でも健在な語がある。この種の語の意味は、理解面では、文脈に依存した解釈で何とか済ませていることが多いようだ。しかし、表現面に応用するとなると、適切に用いることのできないことがしばしばある。日頃から辞書に当たるなりして、意味・用法を的確に把握しておくように心がけたい。

一　**【毀損】**は、その物が傷つけられたり損なわれたりすること。3が適切。1は「毀誉」、2は「損失」などがふさわしい文。

二　**【惹句】**は、人の注意や興味をひきつけるキャッチコピーのこと。2が適切。1は、選に入る優秀な俳句の意味として用いており、不適切。3は、「激励」などがふさわしい文。

三 【二番煎じ】は、一度煎じたものをもう一度煎じた茶や薬のことから、以前のものの繰り返しで新味がないことを喩えていう。3が適切。1は、新茶と比較するようなものではないので不適切。2は、「二番手」などがふさわしい文。

四 【ものかは】は、形式名詞「もの」に反語の「かは」が付いてできた連語で、現代語では、「〜はものかは」「〜もものかは」の形で、一般に、応対に苦しむようなものを全く苦にしないという意を表す。ものともしないで、という意味で用いている1が適切。たいへんなことを乗り切るような用い方が適切。2と3はそのような意味で用いておらず、不適切。

問11 〔言葉の意味〕

解答 一…2・ア　二…2・イ　三…3・ア　四…3・ア

解答のポイント ある状況や事態を端的に表すのに用いられる故事成語などの、正しい形や的確な意味の理解を問う問題である。必ずしも日常的に用いられているわけではないので、折にふれて、意味・用法を正確に把握しておくように心がけたい。

一 「胡蝶の夢」が正しい。自分と物との区別がつかない境地、また、現実と夢とが区別できないことの喩え。『荘子』斉物論にある故事による。アが適切。

二 「烏有に帰す」が正しい。漢文訓読で「烏有」を「烏(いずく)んぞ有らんや(どうしてあるだろうか、いやない)」と訓じたことから、「全く無い状態になること」を表す。特に、火災ですべてを失ってしまうことをいう。**イ**が適切。

三 「薪水の労をとる」が正しい。「薪水の労」は、薪を取ったり水を汲んだりする苦労の意で、他人のために炊事をする苦労をいとわないことを表す。**ア**が適切。『南史』陶潜伝にある故事による。

四 「洛陽の紙価を高める」が正しい。著書の評判がよく、それを書写する人が増え、洛陽の紙の値段が高騰したという、『晋書』文苑伝にある故事から、著書の売れ行きがよいことの喩え。**ア**が適切。

問12 【表記】

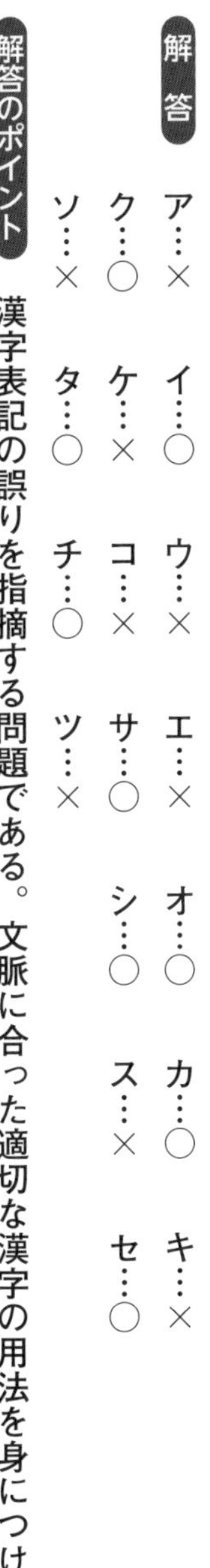

解答

ア…×　**イ**…◯　**ウ**…×　**エ**…×　**オ**…◯　**カ**…◯　**キ**…×

ク…◯　**ケ**…×　**コ**…×　**サ**…◯　**シ**…◯　**ス**…×　**セ**…◯

ソ…×　**タ**…◯　**チ**…◯　**ツ**…×

解答のポイント **漢字表記の誤りを指摘する問題である。文脈に合った適切な漢字の用法を身につけるようにしたい。**

ア 「杓子定規」(しゃくしじょうぎ)が適切な表記。

イ 「一欠片」(ひとかけら)は適切な表記。

ウ 「蹴散らし」が適切な表記。

エ 「素っ頓狂」が適切な表記。

オ　「推奨」は適切な表記。
カ　「廉直」は適切な表記。
キ　「所詮」が適切な表記。
ク　「挫ける」（くじける）は適切な表記。
ケ　「剛毅木訥／朴訥」（ごうきぼくとつ）が適切な表記。
コ　「謳歌」（おうか）が適切な表記。
サ　「疲弊」は適切な表記。
シ　「発揮」は適切な表記。
ス　「跳ね返って」が適切な表記。
セ　「嘆息」は適切な表記。
ソ　「期する」が適切な表記。
タ　「億劫」（おっくう）は適切な表記。
チ　「生半」（なまなか）は適切な表記。
ツ　「転嫁」が適切な表記。

問13　［漢字］

解答

ア…7・A　イ…10・B　ウ…2・B　エ…3・B　オ…6・A
カ…5・B　キ…8・A

解答のポイント　漢語の造語法と熟語の意味・用法について問う問題である。漢字「起」は、「起～」「～起」などの熟語によって、他の造語要素と結合して様々な意味を表す。多様な意味・用法に習熟するように心がけたい。

ア　大規模な工事が始まることをいう、「起工（式）」が適切。
イ　それまで意識されずにあった物事を、何かきっかけを与えて呼び起こすことをいう、「喚起」が適切。
ウ　寺院や神社の創立の由来を意味する、「縁起」が適切。
エ　思うようにいかないことを何とかしようとして、必死になる様子を表す、「躍起」が適切。
オ　日常生活を営むことをいう、「起居」が適切。
カ　事件や問題などを引き起こすことをいう、「惹起」が適切。
キ　栄えたり衰えたり様々な変化があることを表す、「起伏」が適切。

問14［言葉の意味］

解答　一…4　二…4　三…3　四…3

解答のポイント　熟語の語構成を問う問題である。構成要素間の意味関係を正しくとらえることは、的確な意味の理解や適切な使用に不可欠なことである。

第2回　解答と解説

一　「険悪」は、「険」も「悪」も好ましくない事態の出現を予感させるような状態を表し、似た意味の語を組み合わせた構成。4「峻険」が、山が高い上にけわしく、安易に取り付くことを拒む状態を表し、似た意味の語を組み合わせた、同じ構成。1「悪心」は、「よこしまな心」または、「悪い気分」の意で、上の字が下の字を連体修飾する関係。2「冒険」は、「危険を冒す」意で、下の字が上の字が表す行為の対象となる関係。3「改悪」は、「改」めた結果がかえって「悪」くなるという関係。

二　「禽獣」は、「鳥と獣」の意で、並列の関係。統率者、あるいは大工のかしらをいう4「棟梁」が、本来「棟と梁」の意で、同じ並列の関係。1・2・3は、それぞれ「家畜↓家で飼う畜類」「凶賊↓凶悪な賊」「落胤↓高貴な人が落とした胤」と、上の字が下の字を連体修飾する関係である。

三　「不審火」は、原因不明の火事のことで、不審な火、すなわち「不審＋火」と分解できる構成になっている。その点から、「非戦＋論」と分解できる3が、同じ構成。1・2・4は、それぞれ「未＋発達」「不＋穏当」「無＋理解」と分解できる構成。

四　「往事茫々」は、過ぎ去った昔のことはぼんやりとしてよく分からないという意味。「往事が茫々としている」という、前の二字と後の二字が主語・述語となる構成。3「三位一体」が、「三位が一体だ」で、同じ構成。1「一衣帯水」は、「一本の帯のように見える狭い川や海峡」の意で、「一衣帯＋水」という構成。2「二重人格」は、「二重の人格」で前の二字が後の二字を修飾する構成。4「四分五裂」は「四分したり五裂したりする」という、前の二字と後の二字が並列する構成。

問15 【漢字】

解答

一　ア…そぞろ／すずろ　イ…まんば　　二　ア…つむじ　イ…あっせん
三　ア…にら　イ…へいげい　　四　ア…つい　イ…かいよう

解答のポイント　一般に漢語の熟語として用いられることの多い漢字の、音と訓を問う問題である。漢字の訓を知ることは意味の理解につながることなので、折にふれて覚えるように心がけたい。

一　「漫」の音は「まん」、訓は「そぞろ」「みだり」など。イの「漫罵」は、むやみに相手をののしること。

二　「旋」の音は「せん」、訓は「めぐる」「めぐらす」など。アの「旋毛」は「つむじ」と読み、人の頭髪で渦を巻いたように生えている所のこと。「旋毛を曲げる」は、何かで気分を害して相手にまともに応じようとしなくなること。イの「斡旋」は、双方の間に入って、事がうまく行くように取りもつこと。

三　「睨」の音は「げい」、訓は「にらむ」「かたむく」など。イの「睥睨」は、じっと観察しながら相手の出方を見ること。

四　「潰」の音は「かい」、訓は「ついえる」「ついやす」「つぶれる」など。イの「潰瘍」は、皮膚や粘膜などの組織が深部まで損なわれること、また、損なわれたもの。

第2回　解答と解説

問16 ［漢字］

解答　一…電・2　二…腹・1　三…少・2　四…兼・1

解答のポイント　四字熟語の、適切な表記と意味の的確な理解を問う問題である。正しい表記を記憶に留めておくことは、思い込みや勘違いでとらえている意味を正すうえでも大切なことである。

一　電光朝露…「電光」も「朝露」もはかないものであることから、人生がはかないものであるということの喩え。2が適切。1は「電光石火」とすべきもの。

二　鼓腹撃壌…「鼓腹」は、腹鼓をうつこと。「撃壌」は、地面をたたいて拍子を取る意。理想的な政治が行き届いて人々が平和な生活を送ることをいう。1が適切。

三　老少不定…人間の寿命は定めのないもので、この世では、老人が若者より先に死ぬとは限らないという意を表す。2が適切。

四　昼夜兼行…昼も夜も休まず道を急ぐこと、転じて、休まず仕事などを行うこと。1が適切。2は、「昼も夜も営業する」などと言うべき文。

問17 ［総合問題］

解答　一…2　二…3　三…1　四…2

解答のポイント　文章（特に論説文）を読む際には、経験的に得ている知識や先入観を排除して、述べられている事柄を客観的に理解しようとする態度が望まれる。そういった態度で臨むことによって、記述されている事柄がどの程度説得力のあるものかなど、筆者の立場についての理解も深まるのである。文章中の接続語句や文末表現などにも注意を払い、筆者の主張を的確につかむように努めたい。

一　1は、「自分というものを視覚的に対象化できなかったために」→「自分を自然と区別することに恐怖や不安を感じていた」という因果関係は本文中で述べられていないので、不適切。2が、洞窟壁画や土偶の顔の描写からは、①自分というものを対象化できなかったこと、②自分が自然から切り離されることに恐怖や不安を覚えたこと、の二つがわかるという本文の説明と合致し、適切。3は、本文中で「人間が人間を描くことはタブーであった」という考え方を否定しているわけではないので、不適切。4は、「人間と自然が一体化していないことに対して、人間は悲哀や不安を抱いていた」というのは「伝説や民話、童話」に関する説明であり、「洞窟壁画」については指摘されていないので、不適切。

二　1は、本文中では、「より微小な半導体の開発」が急務なのは、「人工知能や自動運転などの次世代産業」であると述べられているので、不適切。2は、本文で、日本の半導体産業は「大きく後れをとってしまい立て直しを余儀なくされている」と述べられているだけであり、不適切。3が、「米中対立の根幹にあるのは台湾を巻き込んだ半導体を巡る争いであるし」に合致し、適切。4は、本文中では軍事利用にふれてはいるが、とりわけどの国にとっても重要としているわけではないので、不適切。

三　1が、プライバシー権が「私生活を守ること」から「個人情報の保護」へと移行するなかで、人々が情報システムについて不安を抱くようになっていると本文中で述べていることと合致し、適切。2

第2回　解答と解説

は、本文では、プライバシーで守られるべきものが「個人の手から離れた情報システム」に力点が移り、そのシステムが「よくわからない場所」にあるということに、人々が不安をいだいていると述べているので、不適切。３は、「自己のアイデンティティや自分らしさに悩んだり、ひきこもりになったりすることを防ぐ」対策については、本文では言及されていないので、不適切。４は、前半の指摘は正しいが、「一人で放っておいてもらう権利」が「意味を失いつつある」とまでは本文で述べられていないので、不適切。

四　１は、「子どもの居場所」の確保により、「小一の壁」「小四の壁」が乗り越えられるとまでは本文中に述べられていないので、不適切。２が、学童保育不足に関わる「小一の壁」問題とともに、「小四の壁」についても、「学童待機児童が最も多いという『居場所の問題』に加えて」と本文で述べていることから、いずれも「共働き家庭やひとり親家庭の厳しい現実に関わる面が強い」ので、適切。３は、学童保育の量の問題は、「重要政策の一つに『こどもの居場所づくり』を上げて」いると本文にあるとおり、政府の政策とも密接に関わり、保護者だけが解決の鍵を握るわけではないので、不適切。４は、本文の最後で、保護者が子どもとの間に子どもが悩みを打ち明けやすい関係を築くことの必要性を述べてはいるが、どちらの壁についても「それに立ち向かおうとする保護者の努力がなければ解消しない」とは述べていないので、不適切。

【総合問題】

解答　一…２　二…１　三…６　四…ろうしゅう　五…矯（めよう）

六　オ…6　カ…4　七…2

解答のポイント　文章の的確な読み取りを通して、文脈に合った空欄の言葉を考えたりする問題である。筆者が何を言おうとしているのか見極めながら、細部に気を配って読むことが大切である。

一　人物評の意の、2「月旦（げったん）」が適切。「月旦評」ともいう。後漢の許劭（きょしょう）という人物が、毎月一日に地元の人物評を行ったという『後漢書』の故事に由来する語。1「晦渋」は、表現が難しくてわかりにくい様子。3「朔望」は、月の一日と十五日のこと。4「日乗」は、日記、日録のこと。

二　直前の段落の内容全体に関わっているが、とりわけその末尾の文意をうけて「それは」と言っている。ドラマが人気を博しているのは、そこで用いられている方言が作品に魅力と付加価値を与えているのだという推論である。1「朝のドラマが人気を博していること」が適切。

三　三つの文の直前に来ているのは、昔ながらの方言が少なくなったと語った大阪の竹本住大夫さんの話の紹介である。これに続くのは、cの、沖縄の方言も例外ではないという内容の文である。そして、方言が忘れられていくということは郷土の心や文化を失うことと同じだと述べる、bが次に来る。それをうけ、冒頭の段落で述べられた朝のドラマの話に結びつけ、方言の消失を悲しむ深層心理がドラマの人気と関係があるのではないかと述べる、aに続く。すなわちc→b→aの順で、6が適切。

四　「ろうしゅう」と読む。卑しい悪い習慣という意味を表す。

五　「矯（めよう）」と書く。「矯める」は、悪い習慣や性質を直すこと。

六　オには、その数をおおよそのところでとらえる様子を表す、6「無慮」が適切。カには、この上もないという意味を表す、４「無上」が適切である。

七　この文章は、好評の朝のドラマで方言が用いられていることに触れ、日本古来の言語文化としての方言が失われていることへの郷愁が、ドラマの人気を高めているのではないかと分析したものである。明治以降、方言が排除され、標準語の普及が図られた言語政策の歴史にも言及し、最後の段落では、標準語は確かに便利であるが、あくまで実利的目的追求のために使用されるものであり、方言でのやりとりこそが、独自の暖かさを持ち地域の人々の心の拠り所となる大切な文化だったのだ、と結論づけている。この論旨にかなうものとして、２が適切。１は、俳優の演技のぎこちなさは個々の演技の巧拙の問題であって、方言が失われていることとは直接関係がないので、不適切。３は、明治政府の言語政策が「国民の意思に反し」ていた、とは本文のどこにも述べられていないので、不適切。４は、沖縄の人の中にも柳を批判した動きがあったことが本文中で述べられており、不適切。

カバーイラスト…………福政真奈美
装丁………………………難波邦夫
DTP………………………牧屋研一
本文イラスト……………黒沢信義

日本語検定 公式過去問題集 1級 令和6年度版

第1刷発行　2024年3月31日

編　　者　日本語検定委員会
発 行 者　渡辺能理夫
発 行 所　東京書籍株式会社
〒114-8524　東京都北区堀船2-17-1
電話 03-5390-7531（営業）　03-5390-7506（編集）
日本語検定委員会事務局
フリーダイヤル 0120-55-2858
印刷・製本　図書印刷株式会社

ISBN978-4-487-81751-1 C0081

東京書籍　https://www.tokyo-shoseki.co.jp
日本語検定委員会　https://www.nihongokentei.jp

定価はカバーに表示してあります。
乱丁・落丁の際はお取り替えいたします。